De man zonder hoofd

De man zonder hoofd

Het leven en de ideeën van Douglas Harding.
Filosoof, wetenschapper, kunstenaar, mysticus.

Scenario
Richard Lang

Tekeningen
Victor Lunn-Rockliffe

Vertaling
Luc Vermeeren

THE SHOLLOND TRUST

DE MAN ZONDER HOOFD
Publicatie 2020, The Shollond Trust
The Shollond Trust is een Britse stichting, reg. nr. 1059551.

© Richard Lang en Victor Lunn-Rockliffe 2021

Vertaling: Luc Vermeeren

Omslag ontwerp: rangsgraphics.com

The Shollond Trust, 87B Cazenove Road, London N16 6BB.
www.headless.org

ISBN: 978-1-908774-58-3

De beste dag van mijn leven
–mijn zogezegde hergeboortedag–
was de dag dat ik ontdekte dat ik geen hoofd had.

Douglas Harding

wat ben ik?

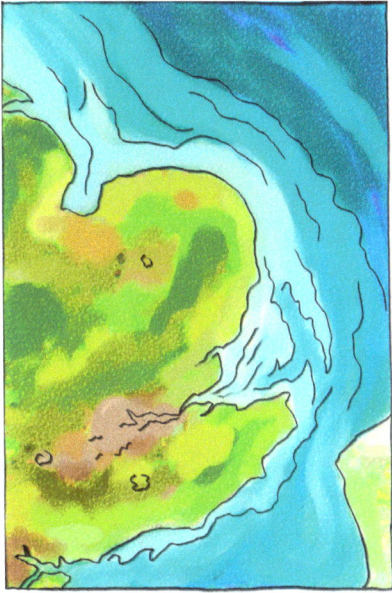  
  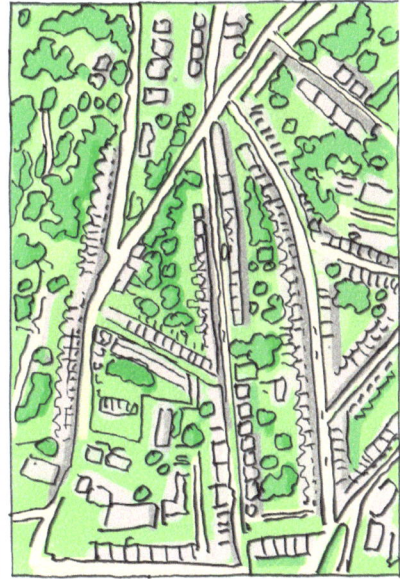

Wat ik ben hangt af van de afstand tot de waarnemer.

Wat ik ben hangt af van de afstand tot de waarnemer.

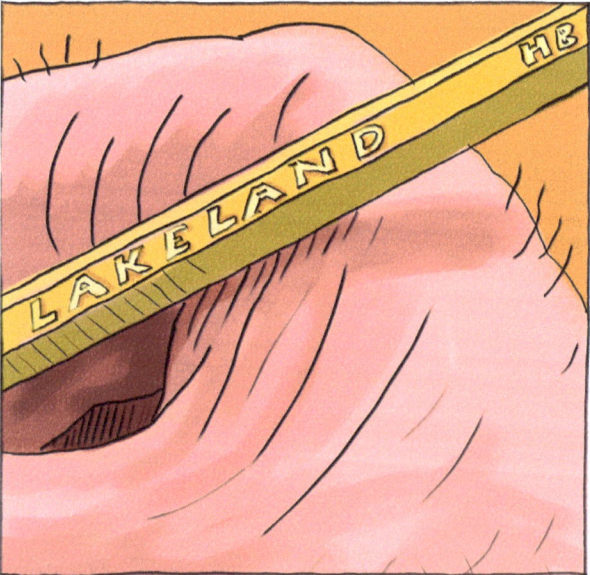

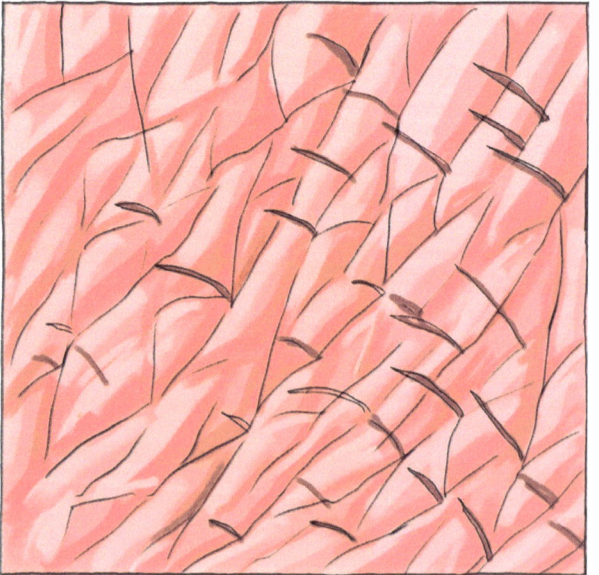

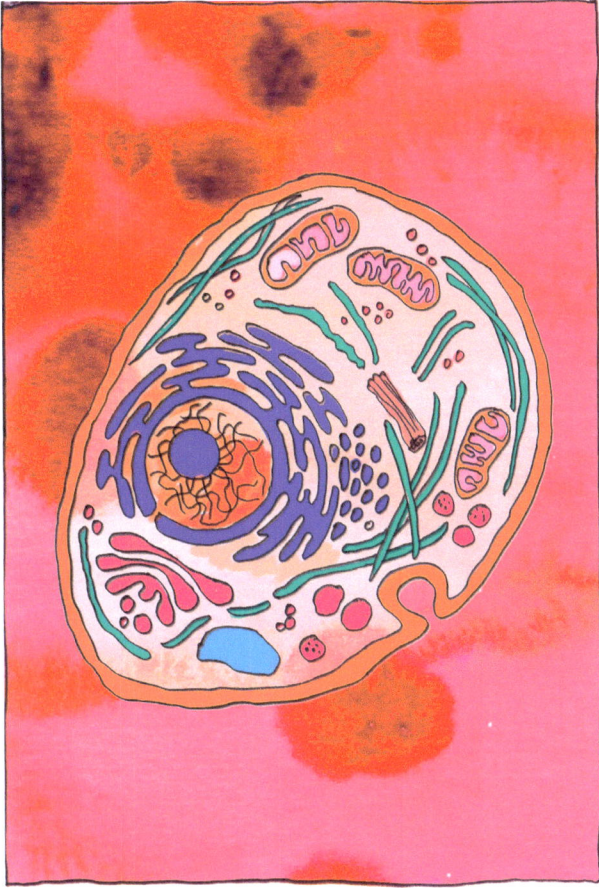
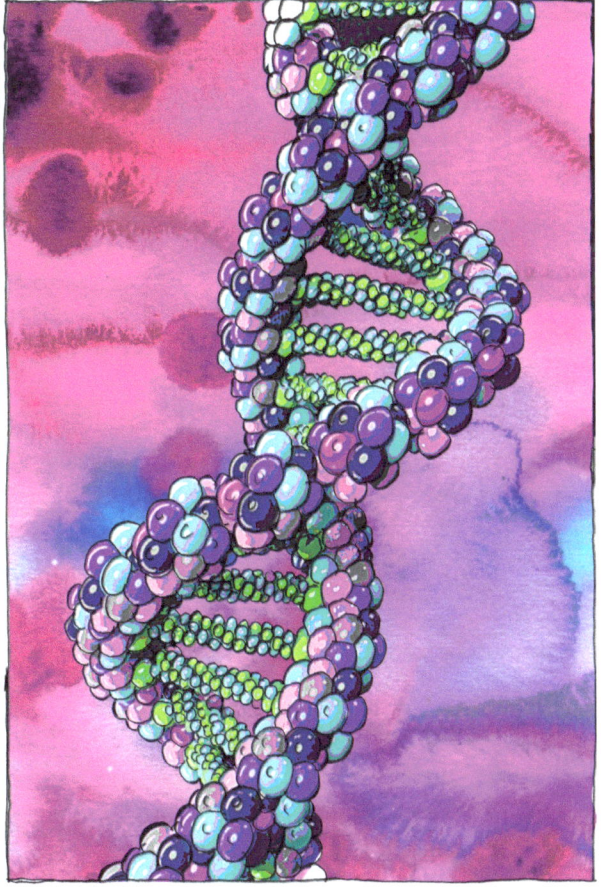

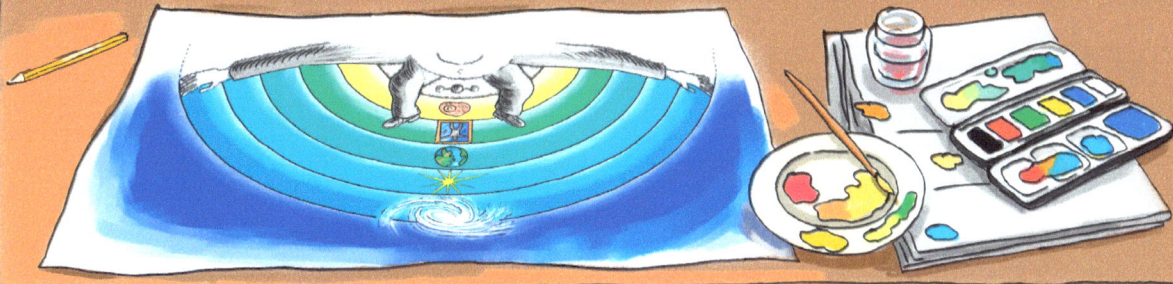

Douglas Harding (1909–2007) was een Britse filosoof die een moderne voorstelling ontwierp van onze plaats in het universum.

The HIERARCHY of HEAVEN & EARTH

With an Introduction by C. S. LEWIS

D. E. HARDING

EEN NIEUW SCHEMA VAN DE MENS IN HET UNIVERSUM

12

Douglas Is vooral bekend omwille van zijn latere boek: *On Having No Head.*

Het werd in 1961 gepubliceerd door The Buddhist Society.

ON HAVING NO HEAD
a contribution to zen in the west
D E HARDING

Las jij het boek van Harding?

Zen is naar het Westen gekomen. We **moeten** dit publiceren.

Christmas Humphries, voorzitter van The Buddhist Society.

Terence Gray, gekend als Wei Wu Wei, Taoïstisch filosoof en schrijver.

De beste dag van mijn leven —mijn zogezegde hergeboortedag— was de dag dat ik ontdekte dat ik geen hoofd had.

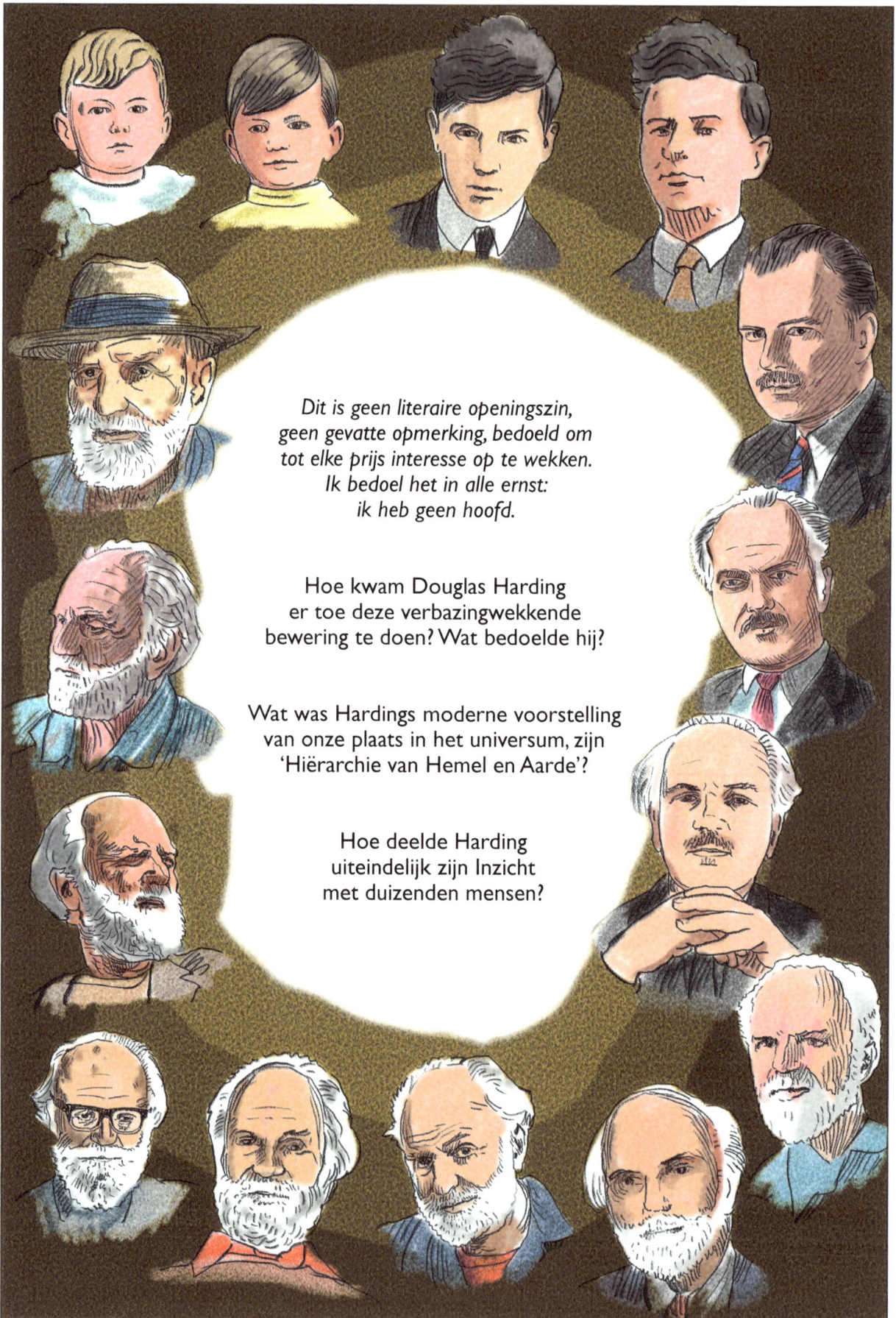

Dit is geen literaire openingszin,
geen gevatte opmerking, bedoeld om
tot elke prijs interesse op te wekken.
Ik bedoel het in alle ernst:
ik heb geen hoofd.

Hoe kwam Douglas Harding
er toe deze verbazingwekkende
bewering te doen? Wat bedoelde hij?

Wat was Hardings moderne voorstelling
van onze plaats in het universum, zijn
'Hiërarchie van Hemel en Aarde'?

Hoe deelde Harding
uiteindelijk zijn Inzicht
met duizenden mensen?

14

Douglas Harding werd geboren op 12 februari 1909 in Lowestoft, Suffolk, aan de oostkust van Engeland, met zicht op de Noordzee.

Lowestoft is de meest oostelijke stad van Engeland.

Het was een grotendeels hoog-Victoriaanse stad, twijfelend of ze zich met visvangst of met zomertoeristen moest bezig houden.

De ouders van Douglas waren Edgar en Annie Harding. Ze hadden een winkel in fruit, groenten en bloemen in de hoofdstraat.

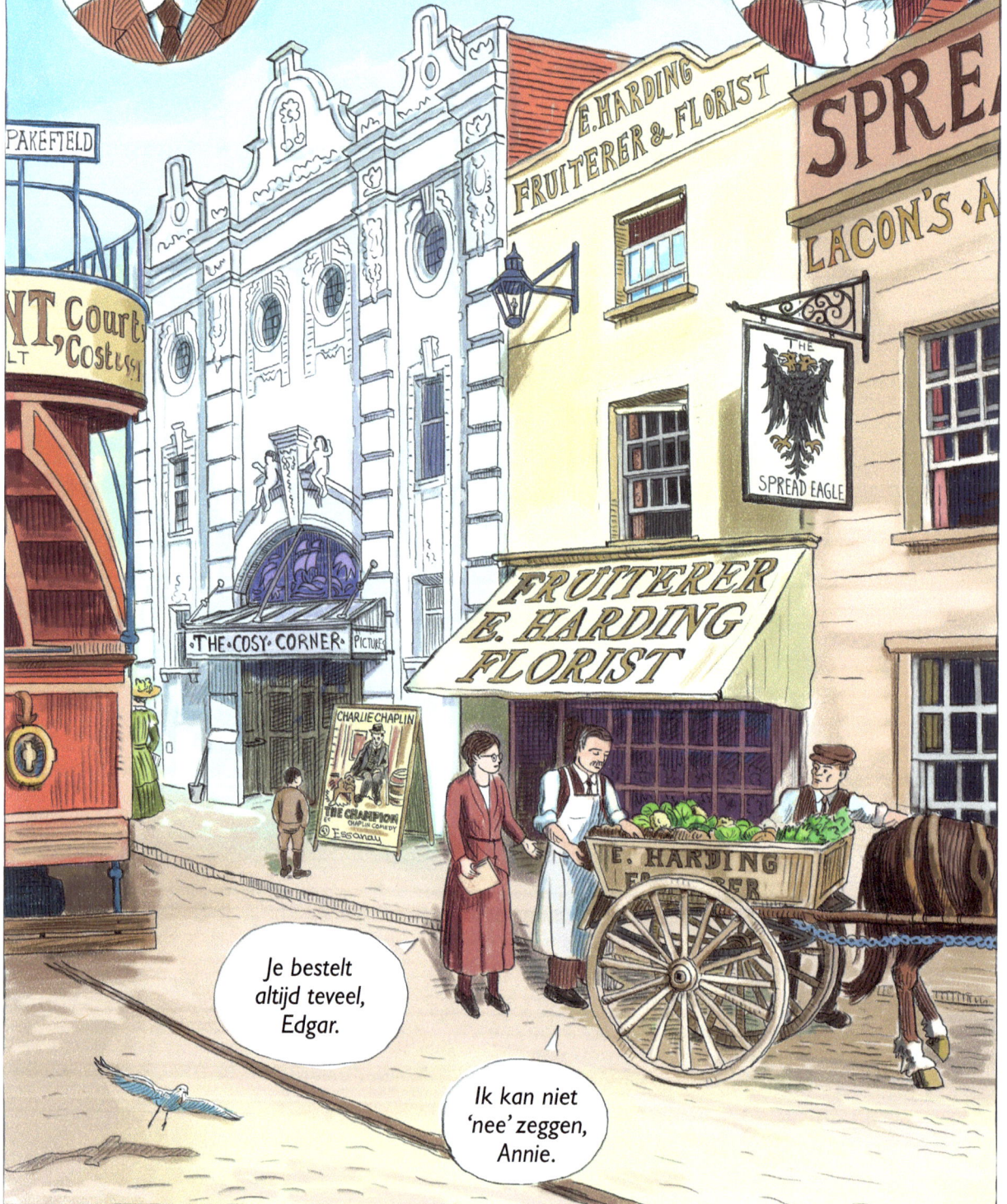

Je bestelt altijd teveel, Edgar.

Ik kan niet 'nee' zeggen, Annie.

Douglas werd thuis geboren, boven de winkel.

Certificate of Birth.

Pursuant to the Births and Deaths Registration Acts, 1836 to 1874.

Superintendent Registrar's District — MUTFORD — in the County of SUFFOLK.

BIRTH in the Sub-District of — LOWESTOFT.

Columns:	1	2	3	4	5	6	7	8	9
No.	When and Where Born.	Name (if any).	Sex.	Name and Surname of Father	Name and Maiden Surname of Mother.	Rank or Profession of Father:	Signature, Description, and Residence of Informant.	When Registered.	Signature of Registrar.
478	Twelfth February 1909 107 High Street U.D.	Douglas Edison	Boy	Edgar Charles Harding	Annie Amelia Harding formerly Garrard	Nineteen	Ed. Harding Father 107 High Street Lowestoft	Fifth March	

I, Chambers Edward Allerton, Registrar of Births and Deaths for the Sub-District of

of SUFFOLK

and that such Register Book is now legally in my custody, do hereby Certify that this is a true Copy of

Witness my hand, this 5th day of March

Douglas was de oudste van drie kinderen.
Zijn zus heette Freda, zijn broer Geoffrey.

Douglas geraakt
in trance als hij
de mimosa ruikt.
Hij is net als jij.

Douglas is
vaders lieveling.

De ouders van Douglas waren lid van de Exclusive Plymouth Brethren, een fundamentalistische sekte die geloofde dat zij de Uitverkorenen waren. De familie bad tweemaal per dag.

En hun landpale was Jizreela, en Chesulloth, en Sunem. En Haf… Hafar…im, en S…io…

Vader kan de woorden niet uitspreken!

JOHN DARBY

Vriendschap met de wereld is vijandschap jegens God

Stil, Douglas! God zal je rekenschap vragen voor elk loos woord.

Edgar las de hele Bijbel door van begin tot einde, elke dag een hoofdstuk.

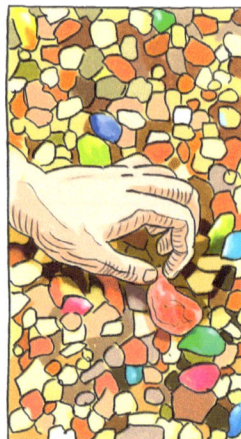

Toen Douglas 10 jaar was speelde hij op een dag tennis met zijn nichtje.

Opeens stopte Eileen.

Jij hebt een rode neus!

Douglas stormde naar binnen.

Ze heeft gelijk. Hij is afschuwelijk rood.

Dit zal de kleur verbergen.

Beschaamd over zijn gezicht ging Douglas via zijstraten naar school om te vermijden dat hij bekenden ontmoette.

Op school.

Douglas heeft tandpasta op zijn neus!

Kijk!

Ha, ha!

Dat is niet waar!

Douglas haatte zijn gezicht nu. Later als volwassene zou zijn behoefte om zich te bevrijden van zijn ongezonde zelfbewustzijn zijn zoektocht naar zijn 'Oorspronkelijk Gezicht' – zijn Ware Zelf – meer dan enkel een intellectuele oefening maken.

24

Douglas verliet de school op zijn zestiende. Hij was kunstzinnig en dus regelde zijn vader een leercontract bij een architect in Great Yarmouth, zestien kilometer noordwaarts langs de kust. Hij reisde dagelijks met de trein.

LOWESTOFT

Douglas realiseerde zich dat hij niet veel bijleerde. Om te slagen voor de examens architectuur begon hij stiekem te studeren tijdens de bijeenkomsten van de Brethren.

Het Parthenon was een Dorische tempel met Ionische architecturale kenmerken.

Hij is zo heilig.

Douglas slaagde voor de tussentijdse examens van het Koninklijk Instituut voor Britse Architectuur.

Asjemenou! Ik ben de beste van het Britse Rijk!

Ik ben 19 en zit op de universiteit in Londen!

1928

Later gaf Douglas' vader deze verhuis naar Londen de schuld van het wegleiden van zijn zoon van al wat hem dierbaar was...

Aan de universiteit werd Douglas blootgesteld aan nieuwe ideeën.

Wat geloof jij?

Religie is de opium van het volk.

Wij worden geregeerd door onbewuste driften.

MARX

FREUD

Op zijn 21ste verliet hij de Brethren. Typisch voor hem ging hij niet in stilte weg.

WAAROM IK WEGGA

Hij schreef een essay van 10 bladzijden.

Hij las zijn essay voor op de lokale bijeenkomst van Brethren.

Ik wil niets meer met hem te maken hebben.

Ik aanvaard niet dat jullie het enige pad naar God hebben, enkel omdat jullie dat zeggen.

Dit zal het hart van zijn arme vader breken.

Hoe durft hij ons zo uit te dagen!

Hij is het zwaarste geval dat we ooit gehad hebben.

Edgar hoorde van het essay.

Ik ga naar Londen om Douglas voor een grote vergissing te behoeden.

Mijn zoon, ik zou liever hebben dat je een moord beging dan de Brethren te verlaten.

Ik verander niet van mening.

Je zult voor eeuwig branden in de Hel!

Douglas werd uit zijn logies gezet. Tweemaal! Zijn eerste huisbazin was een Plymouth Sister.

Het spijt me, de Brethren laten me niet langer toe jou een kamer te verhuren.

Ik begrijp het, mevrouw Fox. Ze denken dat ik slecht ben.

Toevallig bleek zijn volgende huisbazin ook een Plymouth Sister te zijn!

Ik geniet eigenlijk wel van mijn reputatie!

Ik heb juist ontdekt wie jij bent. Jij spant samen met de duivel!

De ouders van Douglas verbraken alle contact. Niet langer beperkt door de regels van de Brethren voelde Douglas zich vrij om het leven te verkennen...

Dit is de eerste film die ik ooit zag.

Van het westelijk front geen nieuws

Het is zo krachtig als voor de eerste keer Dickens lezen.

Gregoriaans! Ik voel me boven mezelf verheven.

De samenleving moet veranderen!

WORKERS OF THE WORLD UNITE

FIGHTING AGAINST STARVATION NUWM

DOWN WITH THE MEANS TEST

Hé jij, stop!

Communistische hooligan!

28

Na zijn afstuderen als architect vond Douglas werk in Londen.

Ik betaal je 3 pond per week.

Goed, mijnheer Low.

Maar architectuur is niet Douglas' grootste interesse.

Wie is deze mens die Douglas heet?

Wat ben ik?

Waar draait het leven om?

Waarom zijn we hier?

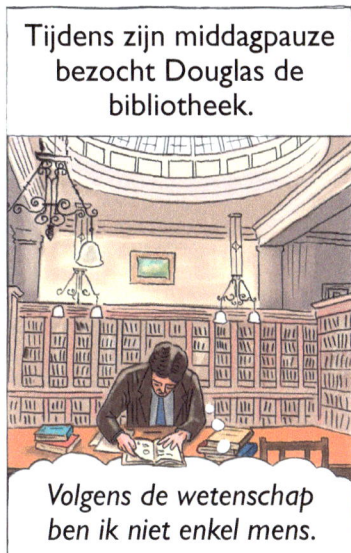

Tijdens zijn middagpauze bezocht Douglas de bibliotheek.

Volgens de wetenschap ben ik niet enkel mens.

Ik heb lagen.

MENSELIJKE CELLEN

Van dichtbij

ben ik een gemeenschap van primitieve diertjes,

CELLENCLUB

een wandelende cel-stad.

Wat is de relatie tussen mij en mijn cellen?

Elke cel leeft haar leven, onbewust van mij. Toch vormen alle samenwerkende cellen samen mij. Ik ben een koning die zijn onderdanen is!

Douglas verbaasde zich erover dat hij op straat kon wandelen zonder omver te vallen.

Hoe doen mijn cellen dat?

Praten mijn cellen met elkaar?

Waarom werken wij zo hard?

Om onze kost te verdienen natuurlijk.

Ja, maar misschien is er een soort Godcel – noem hem Jack – die verantwoordelijk is voor al onze activiteit.

Waar is die 'Godcel'? Ik zal in hem geloven als ik hem zie.

Ik snap het! Wij zijn die Jack. Onze lichaampjes samengenomen vormen zijn grote lichaam.

Dat klinkt verdacht veel als mystiek.

Wanneer ik beslis een vinger te bewegen doen miljoenen cellen wat ik wil. Wat een verbazingwekkende organisatie ben ik!

Terzelfdertijd realiseerde Douglas zich dat, van ver bekeken, een andere laag van hem zichtbaar werd.

Ik verdwijn en wordt vervangen door een nieuw soort schepsel

gemaakt van baksteen, beton, staal, glas...

Op dit niveau functioneer ik op een nieuwe manier.

Mijn lichaam is als een cel in dit grotere lichaam, dit superorganisme, dit Aardschepsel.

STEENKOOL

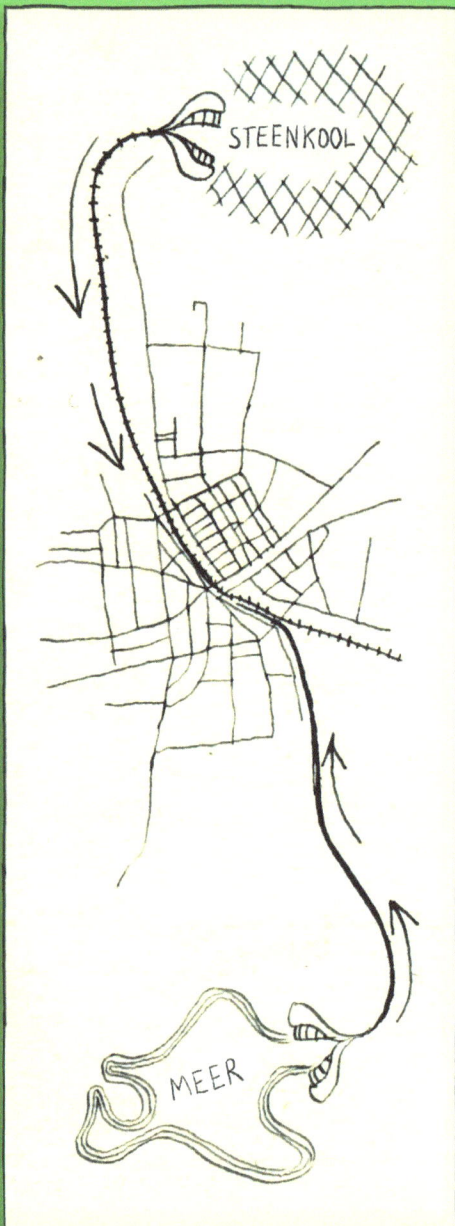

In 1933 keerde Douglas terug naar Suffolk en ging werken bij een architectenbureau in Ipswich.

Hij bleef intens nadenken over zijn identiteit.

Douglas schreef zijn eerste boek: 'The Meaning and Beauty of the Artificial'.

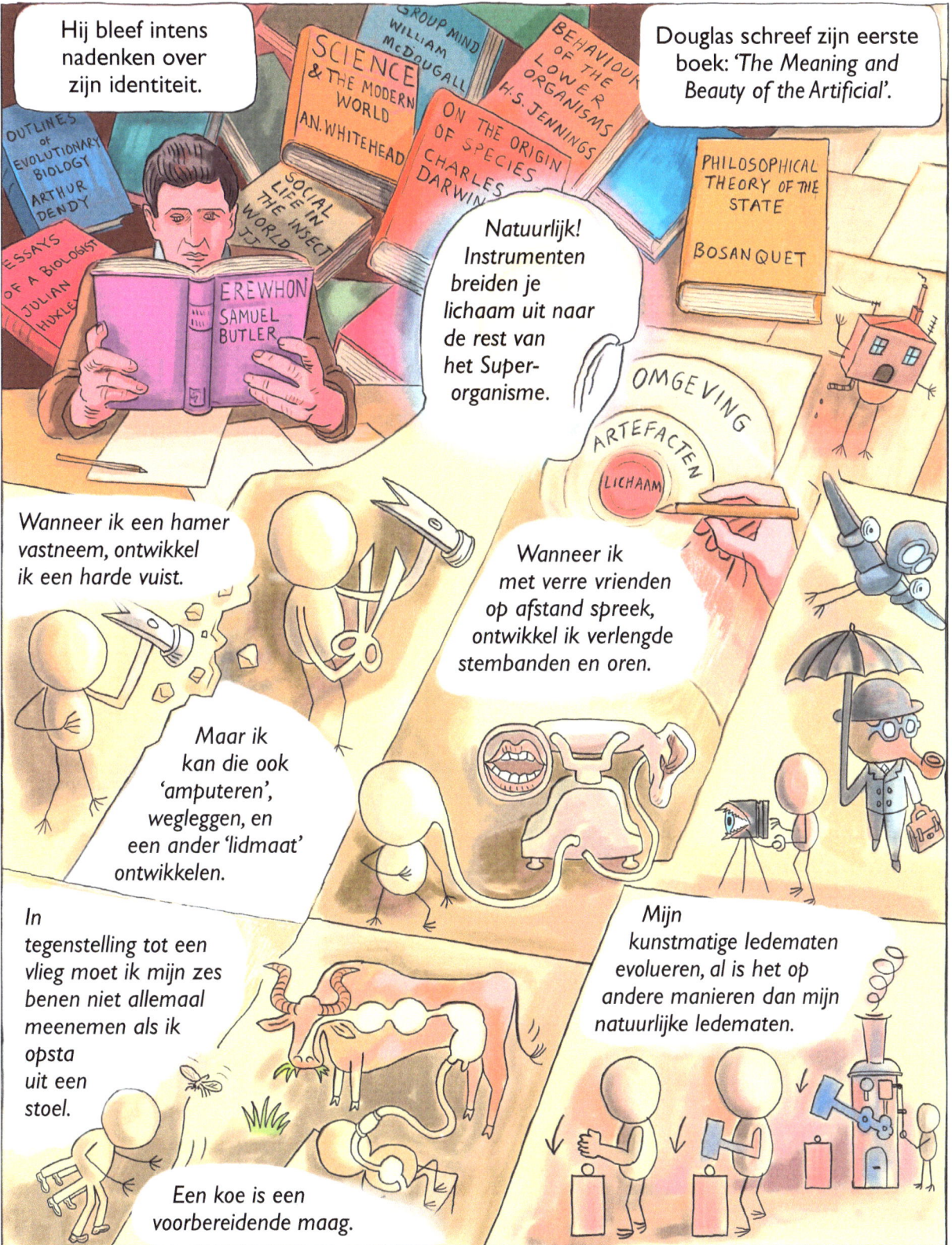

GROUP MIND WILLIAM McDOUGALL

SCIENCE & THE MODERN WORLD A.N. WHITEHEAD

BEHAVIOUR OF THE LOWER ORGANISMS H.S. JENNINGS

ON THE ORIGIN OF SPECIES CHARLES DARWIN

OUTLINES of EVOLUTIONARY BIOLOGY ARTHUR DENDY

SOCIAL LIFE IN THE INSECT WORLD J.J.

ESSAYS OF A BIOLOGIST JULIAN HUXLEY

PHILOSOPHICAL THEORY OF THE STATE BOSANQUET

EREWHON SAMUEL BUTLER

Natuurlijk! Instrumenten breiden je lichaam uit naar de rest van het Super-organisme.

OMGEVING
ARTEFACTEN
LICHAAM

Wanneer ik een hamer vastneem, ontwikkel ik een harde vuist.

Wanneer ik met verre vrienden op afstand spreek, ontwikkel ik verlengde stembanden en oren.

Maar ik kan die ook 'amputeren', wegleggen, en een ander 'lidmaat' ontwikkelen.

In tegenstelling tot een vlieg moet ik mijn zes benen niet allemaal meenemen als ik opsta uit een stoel.

Mijn kunstmatige ledematen evolueren, al is het op andere manieren dan mijn natuurlijke ledematen.

Een koe is een voorbereidende maag.

33

Douglas, ik ben het niet met je eens. Je bent je lichaam. Je stopt bij je huid. Je bent niet deze kunstmatige 'ledematen' en 'organen'.

Als je valse tanden had, zouden die dan deel uitmaken van je lichaam?

Nee!

Omdat ze dood zijn.

Waarom?

Maar je beenderen zijn hoofdzakelijk dood materiaal, afgezet door levende cellen. Wil dat zeggen dat zij geen deel van je lichaam zijn?

Nee, want ze zitten niet los zoals mijn valse tanden.

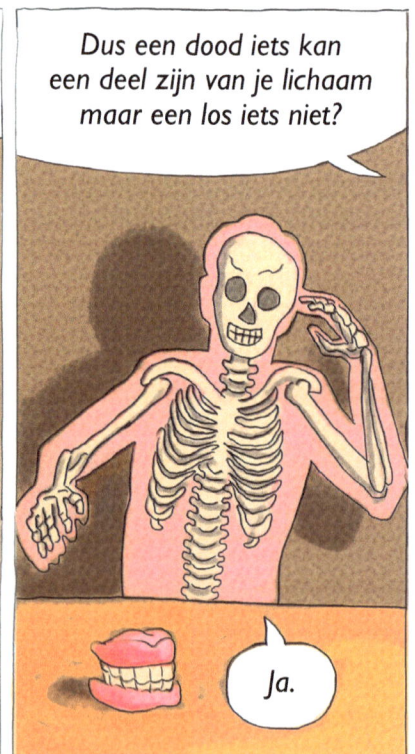

Dus een dood iets kan een deel zijn van je lichaam maar een los iets niet?

Ja.

35

Douglas ontwikkelde het idee dat hij opgebouwd was volgens een hiërarchisch patroon.

De delen van één niveau verbinden zich om het geheel van het volgende niveau te vormen.

En ik verenig mij met alle andere mensen en al onze hulpmiddelen om een nog groter wezen te vormen, het Schepsel dat ik 'Mensheid' noem.

THE MEANING AND BEAUTY OF THE ARTIFICIAL

Al mijn cellen verenigen zich om mij te vormen.

Mijn moleculen verbinden zich tot cellen.

Mijn atomen verbinden zich tot moleculen.

Elk van mijn atomen is een gemeenschap van deeltjes.

MENSHEID

CEL CLUB

MENS

CEL

ATOOM CLUB

MOLECULE

ATOOM

DEELTJE

Al was Douglas zich ervan bewust dat we door gereedschappen groeien, toch was hij zich ook bewust van hun gevaar. Duitsland herbewapende zich.

We moeten de basisoorzaken van een conflict blootleggen zodat we onze zwaarden tot ploegen kunnen smeden.

DUITSLAND GAAT DOOR MET HERBEWAPENING

Douglas had ook ambities om roman-schrijver te worden. Hij schreef korte verhalen.

Een nachtmerrie van een neus

Het rode front

De stank

Rouwend om grootvader

De Plymouth broeder

Ondertussen ontmoette hij Chloë. Ze hadden een kortstondige relatie. Chloë werd zwanger.

Wil je met me trouwen?

Ik wil niet trouwen,

maar ik wil een schandaal vermijden. Dus verhuis ik naar Spanje.

Dan ontmoette Douglas Beryl. Ze waren allebei geïnteresseerd in politiek.

THE CP COMMUNIST PARTY OF GREAT BRITAIN

WORKERS INTERNATIONAL LEAGUE

Communisme pakt sociaal onrecht aan.

Ze huwden in december 1935.

In 1936 bezochten ze Rusland om het communisme in werking te zien.

Het was tijdens Stalins zuivering. De groeiende twijfels van Douglas over het Sovjet wondermiddel veranderden in afschuw.

De overal aanwezige angst en armoede zijn verschrikkelijk.

Beryl werd zwanger. In die periode kreeg Douglas een baan als architect in Calcutta.

De verloning is beter.

Met de oorlog die eraan komt zal het veiliger zijn om daar een gezin te stichten.

In 1937 reisden ze per schip naar India.

Kort na hun aankomst werd Julian geboren. En het jaar daarop Simon.

Douglas leidde een groot team van architecten.

We moeten dit op een andere manier bouwen of het stort in.

Jawel, mijnheer.

Douglas was vastbesloten om zijn stempel op de wereld te drukken.

Hij maakte veel foto's en won een prijs.

Hij werd cartoonist en hield een tentoonstelling.

En hij schreef een detective-roman. Een man wordt dood aangetroffen. Hij heeft geen gezicht, zijn gezicht is vernietigd door een geweerschot.

Het was een vreemd voor-smaakje van wat zou gebeuren met Douglas een paar jaar later...

In 1940 verliet Beryl met de kinderen India omwille van de oorlog en zocht haar toevlucht in Amerika.

Het jaar daarop nam Douglas dienst in het leger. Hij was 32.

Douglas werkte nog een boek af, voor jongeren.

Wie ben jij?

Je zegt dat je je lichaam bent. Hoe zie je het?

De wetenschap zegt dat licht van de zon weerkaatst op je hand, je oog binnenkomt en een beeld vormt.

Dit wordt gecodeerd en doorgegeven naar je hersenen, waar het gereconstrueerd wordt.

Dan pas zie je je hand. Of beter: een 'idee' van je hand.

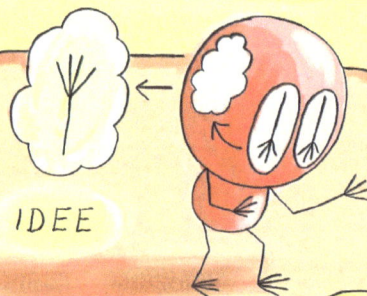

IDEE

Maar kan je zeker zijn dat het idee lijkt op je 'echte' hand in de buitenwereld?

Is de 'buitenwereld' zelf geen idee in je geest?

GEUR

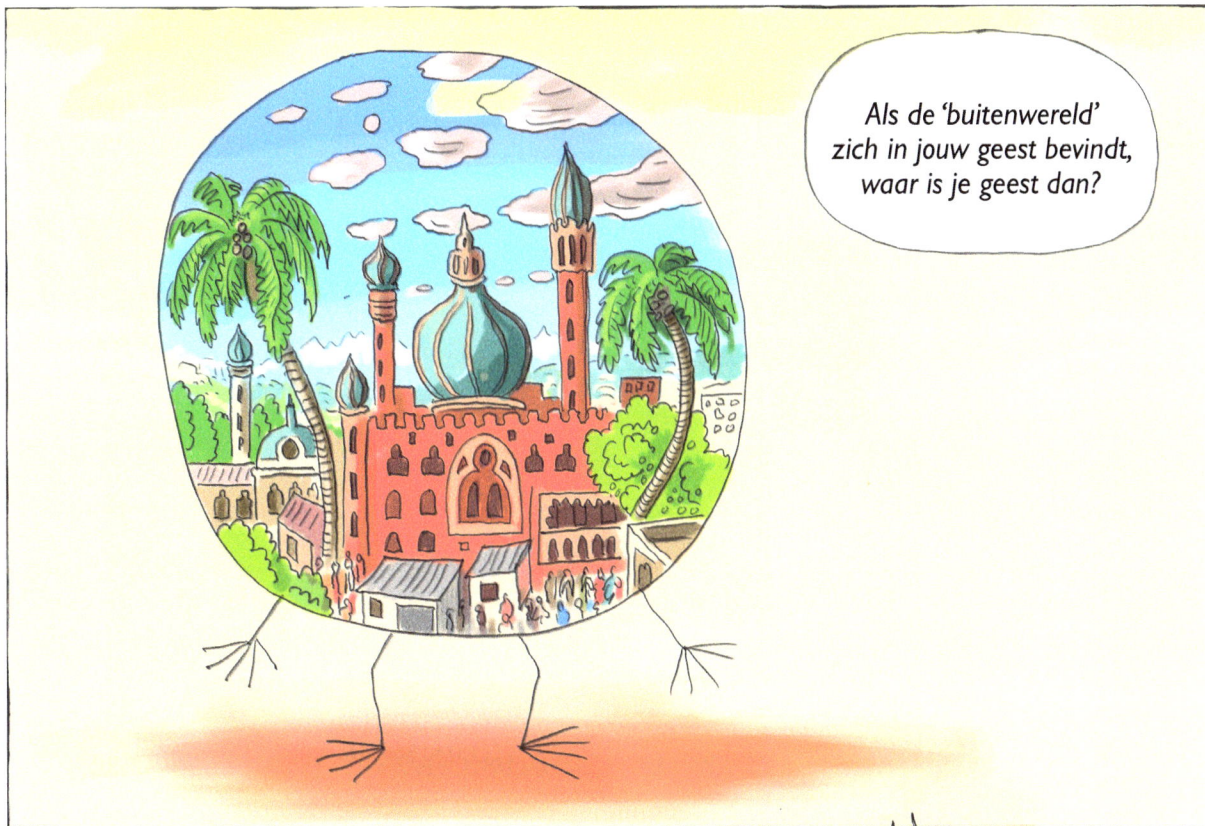

Als de 'buitenwereld' zich in jouw geest bevindt, waar is je geest dan?

Deze levendige wereld is geen kopie in mijn hoofd. Het is de echte wereld en hij vindt plaats in mijn 'bewustzijn' – dat geen objectieve plaats heeft.

Na het afwerken van 'An Unconventional Portrait of Yourself' nam Douglas geen rust. Integendeel, zijn zoektocht werd intenser.

Nu de Japanners Birma binnentrokken voelde hij meer druk.

Ik wil weten wie ik echt ben, in het centrum, voor ik sterf.

CHINA

INDIA

BURMA

THAILAND

Als majoor van de Genie reisde Douglas door India.

Toch slaagde hij erin om dagelijks vele uren aan zijn zoektocht te wijden – lezend, denkend, schema's tekenend, notities makend.

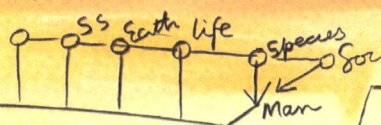

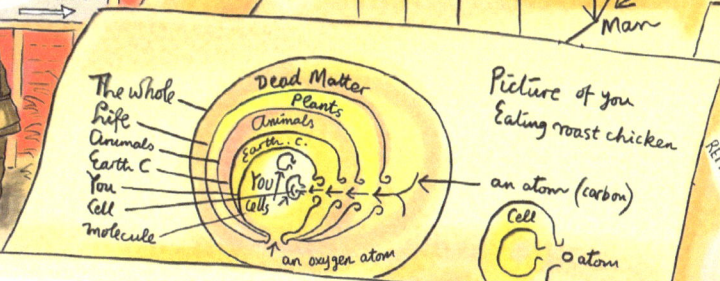

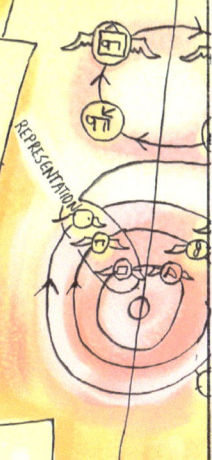

CORPS OF ENGINEERS
MUNITIONS FACTORY
WORKS TRAFFIC

SS Earth life Species Sor
Man

The whole — Dead Matter
Life — Plants
Animals — Animals
Earth C — Earth C.
You — You
Cell — Cells
molecule
an oxygen atom

Picture of you Eating roast chicken
an atom (carbon)
Cell o atom

REPRESENTATION

Probeer jezelf te zien als voor de eerste keer. Vergeet dus, of probeer te vergeten, al wat je 'weet' over jezelf en zie jezelf met frisse blik.

Dit prachtige venster dat je met je meedraagt;

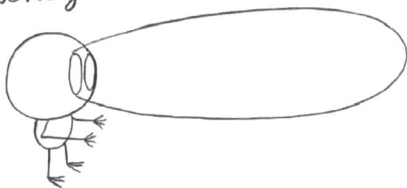

Maar het is in dit 'venster' dat jij leeft. Je lijkt niet verdeeld te zijn tussen het zicht naar buiten, het venster en de kijker binnenin. Er is geen glas. Er zijn geen tralies of blinden. Overdenk deze wonderbaarlijke openheid.

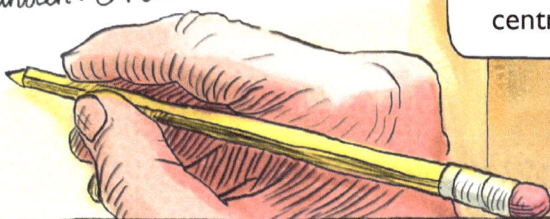

Douglas peilde naar binnen, op zoek naar zijn centrum.

43

Mijn centrum lijkt verborgen te zijn, ontoegankelijk.

Hoe dichter een waarnemer mij nadert, hoe minder hij vindt.

Wat ben ik op afstand nul?

Het is logisch dat ik in het centrum 'niets' ben,

maar hoe kan ik dat verifiëren?

In 1943 vond Douglas waarnaar hij op zoek was..

Als lid van de Rijksbibliotheek had Douglas toegang tot vele boeken.

Hij ontdekte een zelfportret door de fysicus Ernst Mach.

Hoe ongewoon! Normaal gebruik je een spiegel als je jezelf tekent.

Je tekent hoe je eruit ziet vanop een meter afstand.

Maar Mach heeft geen spiegel gebruikt. Dit is hij zelf vanop afstand nul.

Lieve God! Ik ben ook hoofdloos!

Ik zie wat ik in het centrum ben. Ik ben ruimte voor de wereld!

45

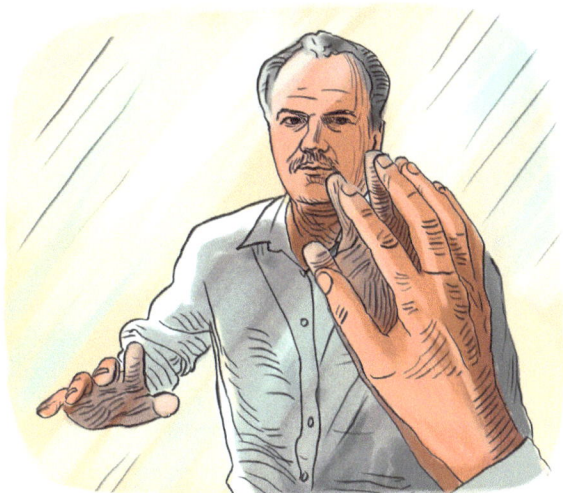

Douglas voelde een diepe vrede, een rustige vreugde en het gevoel een ondraaglijke last te hebben losgelaten.

47

Er stroomden nu zoveel nieuwe inzichten binnen, Douglas sliep nauwelijks. Hij legde een notitieboekje naast zijn bed om zijn ideeën op te schrijven.

Dit is een tekening van jou zoals je voor jezelf bent. Dit is het belangrijkste beeld van jou.

De samenleving ziet jou zo —

Gezond verstand zegt: 'Kijk in de spiegel: dat ben jij.' **Dat is niet juist.**

Maar jij ziet —

Het gezicht in de spiegel zit achterstevoren op je lichaam.

Hier is niets, geen kijkgaatje, geen waarnemer. Je bent je bewust van deze buitenwereld, op afstand nul. **Dat ben jij.**

De waarnemer daarbuiten krijgt een verkeerde indruk. Hij ziet …

Wij zijn in realiteit zo — we wisselen hoofden.

Douglas schreef elk idee dat bij hem opkwam op. Hij barstte van inspiratie.

Douglas was altijd bereid om over zijn ideeën te praten.
Maar majoor, natuurlijk hebt u een hoofd. Waar hangt uw neus aan vast?
Mijn neus komt uit het niets. Hij hangt nergens aan vast.
Maar je kunt je hoofd aanraken.
Ik niet. Mijn vingers verdwijnen en ik voel gewaarwordingen. Gewaarwordingen vormen geen hoofd.
En de spiegel dan?
Je spiegel toont waar je gezicht zich bevindt. Het is daar achter glas, niet hier boven je schouders.
Wel, majoor, u bent een rare snuiter! Hoe dan ook, er is een oorlog bezig. Ik ga beter terug aan de slag.
Mensen aanvaarden hoe de samenleving hen ziet zonder dat in vraag te stellen. Ze vertrouwen het bewijs van hun zintuigen niet. Ze kijken niet zelf.

Kort nadat hij gezien had dat hij geen hoofd had ervoer Douglas een keerpunt.

Mijn leven moet nu rond dit inzicht draaien.

De Zaterdag Club
Calcutta

Om mijn ontdekkingen aan de wereld voor te stellen moet ik mezelf kennis bijbrengen.

Ik weet niet genoeg van filosofie, wetenschap, geschiedenis, psychologie…

Gedaan met foto's, cartoons, romans… Tijd voor het serieuze werk.

Hij ontwikkelde een systeem van kaarten.

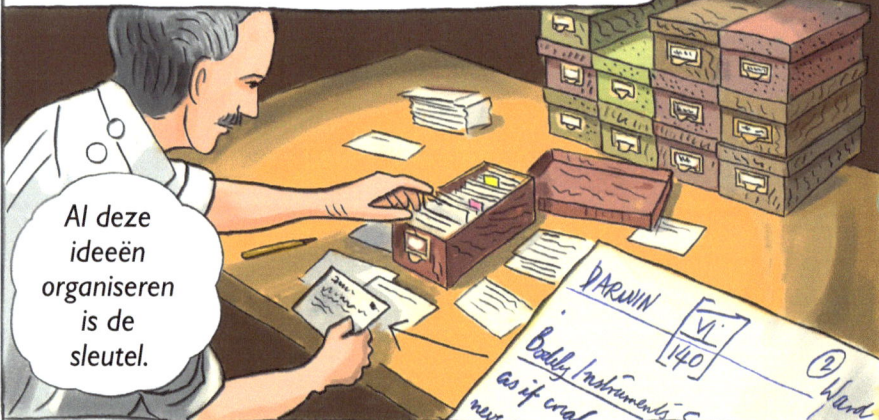

Al deze ideeën organiseren is de sleutel.

Kort voor het einde van de oorlog werd Douglas teruggestuurd naar Engeland.

Hij werd herenigd met zijn gezin.

Na een jaar verliet hij het leger, na bevorderd te zijn tot Deputy Commander, Koninklijke Genietroepen. Het gezin vestigde zich in Ipswich.

50

Beryl, ik wil een jaar besteden aan het afwerken van mijn boek voor ik terugkeer naar de architectuur. Ik heb in India geld gespaard, dus we redden het wel.

Natuurlijk. Je moet je hart kunnen luchten.

Beryl vond werk als leerkracht.

Douglas gaf ook les – tweemaal per week over filosofie en vergelijkende religie.

De overige tijd werkte hij aan zijn boek.

Vader…

Ik ben bezig.

Komaan, we maken een wandeling met Plato.

Het verleden achter zich latend namen zijn ouders opnieuw contact.

Beryl zegt dat je een boek aan het schrijven bent.

Ja. Het blijft groeien!

Hij correspondeerde met Chloë over hun dochter Lydia.

'Wat ben ik?' Dat is mijn vraag.

De samenleving zegt dat ik een mens ben.

Thee!

Iedereen gelooft dat en doet alsof hij diegene in de spiegel is.

Douglas!

Ik kom.

De basis van al ons denken, ons hele gedrag, is dat we onszelf zien als afgescheiden van anderen en van de omgeving.

Omdat we geloven dat we opgesloten zitten in onze afgescheiden sterfelijke lichamen is het niet verwonderlijk als we ons verloren en eenzaam, onbekwaam en bang voelen.

Maar het beeld dat de samenleving van mij heeft als enkel een mens is te beperkt.

De wetenschap toont dat mijn verschijning verandert met de afstand. Ik ben niet enkel mens.

Maar zelfs het veellagige beeld dat de wetenschap van mij heeft is niet volledig, want al haar waarnemingen van mij zijn vanop een afstand.

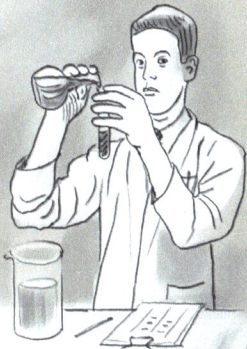

Ik kan de objectieve wetenschappelijke voorstelling van mij vervolledigen.

Ik kan mezelf zien op afstand nul. Dit subjectieve beeld van mij is net zo steekhoudend als het objectieve.

Voor mezelf ben ik
geen mens, ik ben een hoofdloos
lichaam met de wereld op mijn schouders!

In het centrum van al mijn verschijningen is deze bewuste nietsheid.
Ze is vanzelfsprekend en onmiskenbaar, en toch zien we haar
over het hoofd en negeren haar.

54

Al deze lagen – hoe ik verschijn aan anderen – zijn verschijningen van mijn centrale nietsheid, van 'mij'. Ik ben niets en alles, en alles daartussen!

NIETS

MIJN · DEELTJES

MIJN ⊙ ATOMEN

MIJN △ MOLECULEN

MIJN ◎ CELLEN

MIJN PERSOON ⚇ LICHAAM

MIJN SOORT ⌂ DE MENSHEID

MIJN GEOSFEER ❀ LEVEN

MIJN PLANEET ⊘ DE AARDE

MIJN STER ✷ HET ZONNESTELSEL

MIJN STERRENSTELSEL 🌀 DE MELKWEG

Dit is een radicaal nieuwe voorstelling van mijn identiteit.

NIETS
MIJN DEELTJES
MIJN ATOMEN
MIJN MOLECULEN
MIJN CELLEN
MIJN LICHAAM
MIJN PERSOON
DE MENSHEID
MIJN SOORT
LEVEN
MIJN GEOSFEER
DE AARDE
MIJN PLANEET
MIJN STER
HET ZONNESTELSEL
MIJN STERRENSTELSEL
DE MELKWEG

Al ben ik niets voor mezelf in het centrum, voor die mensen daar verschijn ik als een mens.

Maar al zien
andere mensen
hier een
persoon,

ik niet.
Mijn lichaam
verdwijnt in
deze centrale
leegte. Ik,
deze persoon,
ben afwezig.
Ik ben
leeg voor
anderen.

En al ben ik voor
deze sterren
een ster,

ik zie hier geen ster. Deze ster zijn
betekent ruimte zijn voor
andere sterren.

Ik groei en krimp
afhankelijk van hoe
ver ik kijk. Het ene
moment ben ik
deze persoon en
toch ruimte voor
andere mensen. Het
volgende moment
ben ik deze planeet
of ster en toch
ruimte voor andere
planeten, andere
sterren.

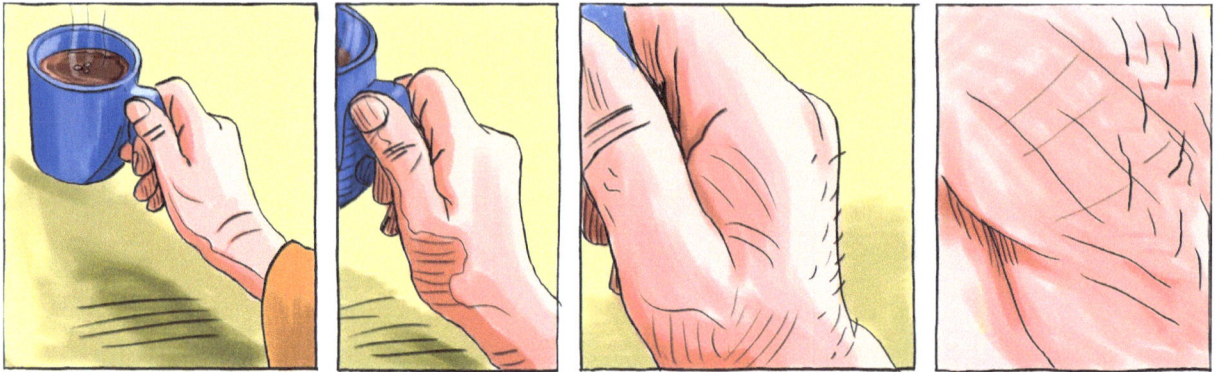

Me bewust zijn van deze hoofdloze Beschikbaarheid verandert hoe ik alles zie. Het veellagige universum is in mij. Ik ben oneindig rijk!

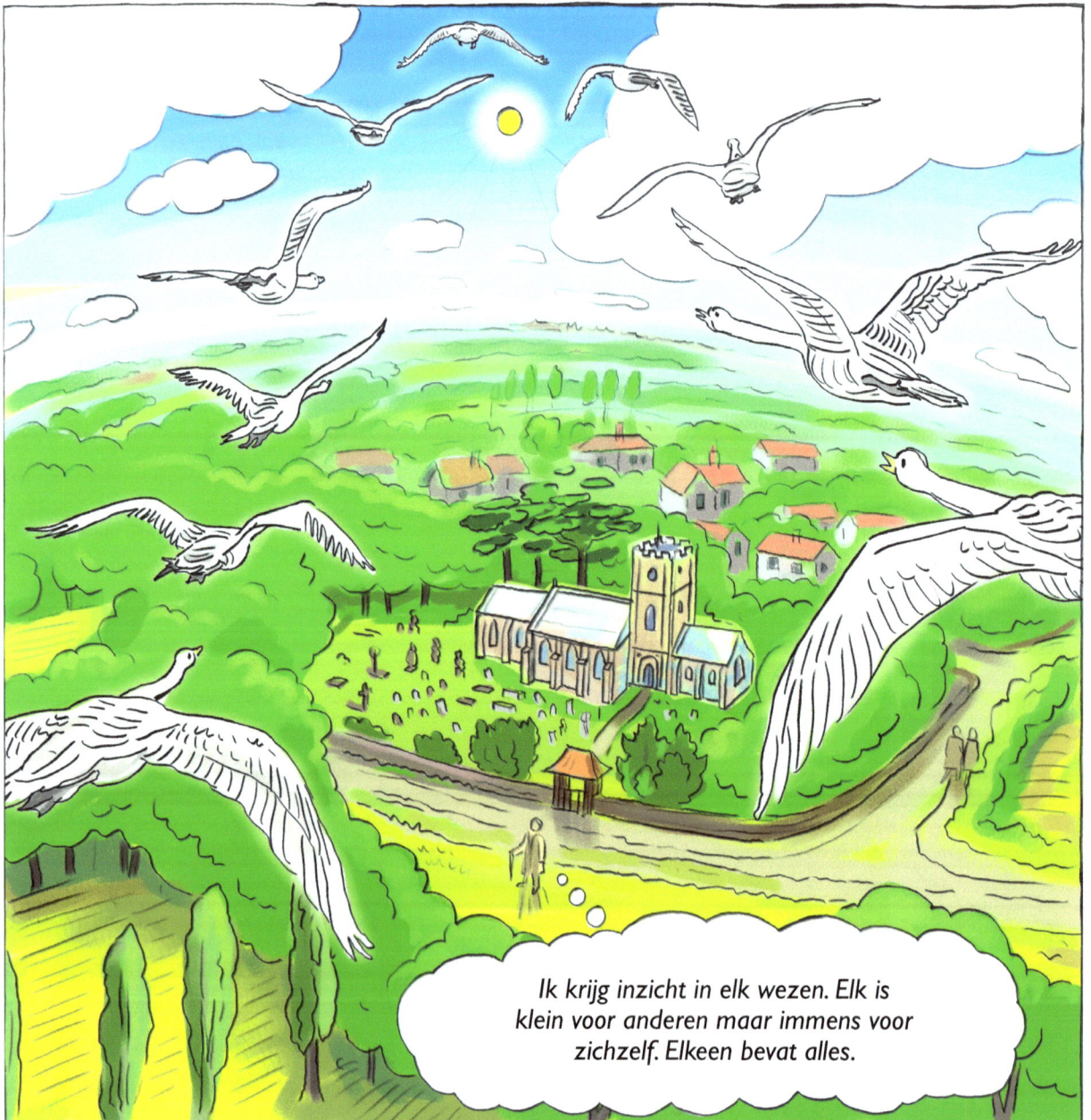

Ik krijg inzicht in elk wezen. Elk is klein voor anderen maar immens voor zichzelf. Elkeen bevat alles.

68

69

Omdat ik
geen grens zie
aan mezelf
stel ik vast
dat ik me
identificeer
met
anderen.

Ik plaats
mezelf in hun
centrum en
wordt zo
anderen, voel
voor en
als hen.

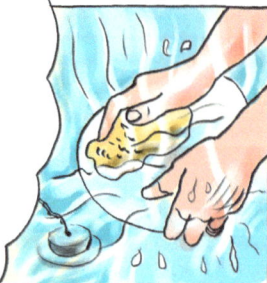

Ik kan me ook invoelen in levenloze dingen.

In het gespannen touw voel ik de trekkracht.

Ik zweef in de wolken,

straal als de zon,

kijk omlaag vanaf de sterren.

Niets zijn in het centrum betekent dat ik me in andere centra kan verplaatsen.

Het vermogen om van centrum te veranderen is de basis van liefde.

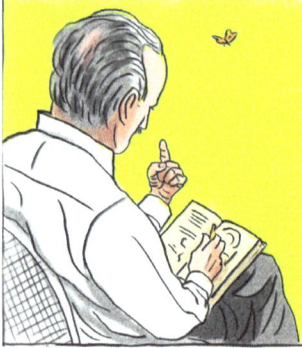

Dit was een periode van diepgaande studie en bezinning, een rijping van zijn visie.

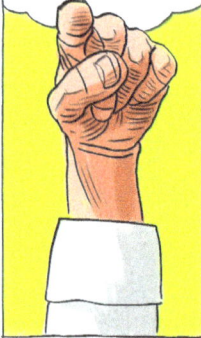

Dit nederige Centrum is de locatie van het Geheel. Geweldige vaststelling!

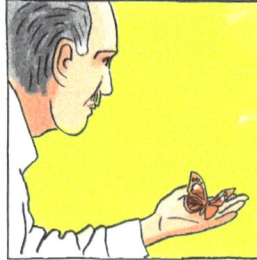

Waar ik naar kijk, dat word ik.

Als ik deze steen optil ben ik daar.

Mijn leven is het leven dat anderen in mij leven.

ANDERE

ZELF

Op elk niveau ben ik in de ander, de ander is in mü. Al mün haat is zelfhaat.

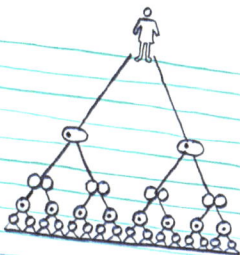

Het is door liefde dat de mysticus opslijgt in de hiërarchie, hij bereikt het volgende niveau enkel in en door zijn gezellen.

De wetten van hiërarchische orde, de verticale gang van zaken...

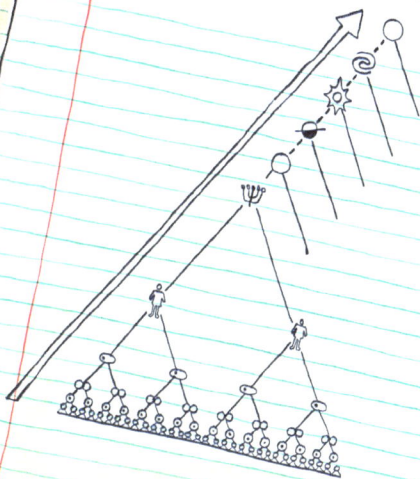

...het soort verbindingen tussen niveaus dat de gedepartementaliseerde wetenschap nu op elk niveau vindt – die zijn het werkveld van de unitaire wetenschap van de toekomst, waarvan de Hiërarchie een prospectus is.

Schema's waren een vitaal onderdeel van het denkproces van Douglas.

73

In de zomer van 1948 werkte Douglas de eerste versie af van 'The Hierarchy of Heaven and Earth'.

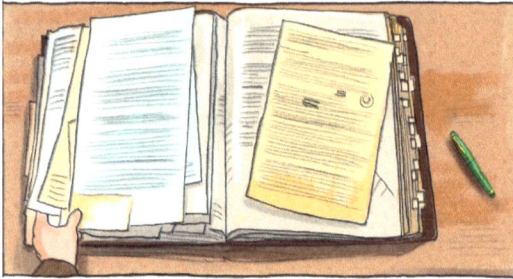

Tegen de lente van 1949 had Douglas de eerste helft uitgetypt. Hij zond deze naar Cyprian Blagden, een vriend bij uitgeverij Longman.

21 Juli 1949

Beste Douglas,
De 'Hierarchy' is heel indrukwekkend, maar ik ben bang dat het niet publiceerbaar is. Je zou er beter mee stoppen en terugkeren naar de architectuur.

Cyprian antwoordde.

Je ziet bleek, Douglas.

Cyprian denkt dat ik mijn tijd verdoe. Ik ga even buiten een luchtje scheppen.

Dit is een grote schok.

Ik moet onder ogen zien dat mijn levenswerk misschien nooit het daglicht zal zien.

Maar het kan me niet schelen als niemand het leest. Ik maak het werk af, wat er ook van komt.

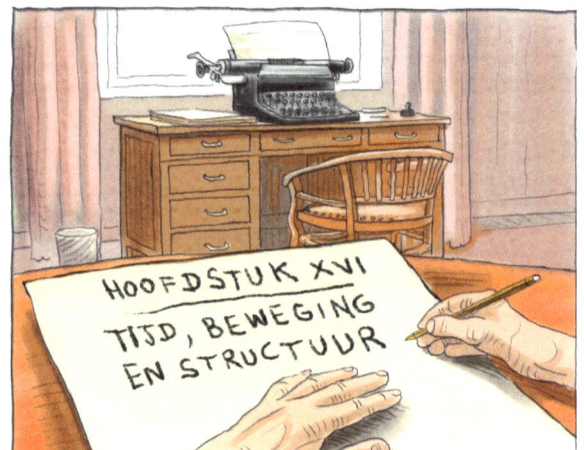

HOOFDSTUK XVI
TIJD, BEWEGING EN STRUCTUUR

Douglas nam maar zelden tijd vrij van zijn boek.

Julian, we gaan opa en oma bezoeken in Lowestoft.

Ik wil met mijn nieuwe fiets gaan.

Ik moet een fiets hebben. De goedkoopste die je hebt.

Deze is tweedehands, maar het is een rammelkast!

Perfect!

Waar is je vader?

Hallo opa. Vader is wat traag…

Ik ben uitgeput en geïrriteerd. Het was een gek idee om met de fiets te komen. We gaan met de trein naar huis.

Terug thuis.

Beryl, ik heb nog meer werk aan mijn boek.

Neem al de tijd die je nodig hebt, Douglas.

Wat is er gebeurd?

Julian heeft me in de steek gelaten.

'The Hierarchy' schrijven was een geweldig avontuur voor Douglas.

Waar komen mijn ideeën vandaan?

Het Centrum leidt me naar een boek.

Een idee of beeld duikt op uit deze onkenbare Diepte in mij.

Vaak begrijp ik een schema eerst niet.

Maar naarmate ik ermee werk – naarmate het met mij werkt – ontvouwt zijn betekenis zich. Het onderwijst mij.

Het levende universum onthult zijn verbazingwekkende structuur in mij.

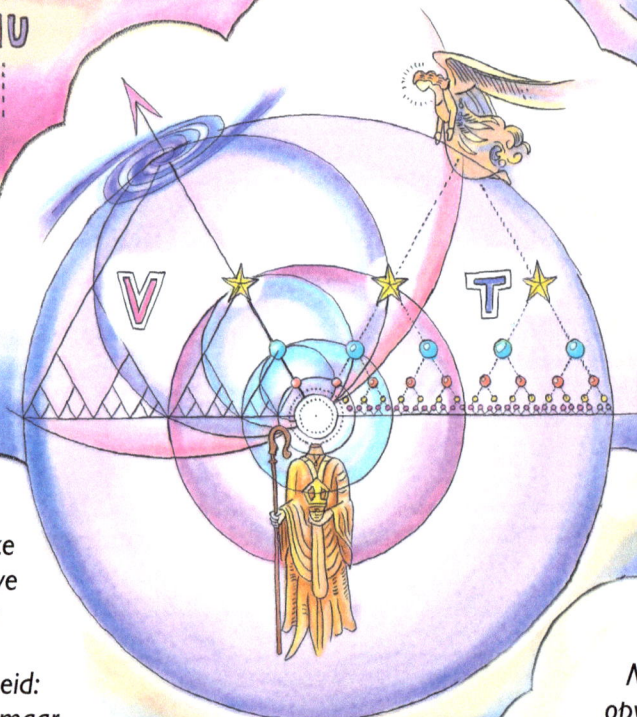

Al wat ik ontdekt heb is maar een fractie van de waarheid. Het mysterie strekt zich in alle richtingen tot in het oneindige uit.

Naast de talloze wonderen die we bevatten is er de opperste onwaarschijnlijkheid: het feit dat er ook maar iets bestaat. Er is niet alleen maar Niets. Hoe pienter is Het om te verschijnen!

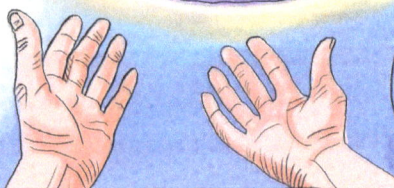

Mijn mooiste, meest opwindende ontdekking is dat ik, omdat al mijn wortels in het Onontdekbare zijn, ook onontdekbaar ben.

Al was het schrijven van 'The Hierarchy' een diepe mystieke ervaring voor Douglas, toch vergde het tijd voor zijn bevindingen zijn persoonlijkheid beïnvloedden.

Ik ben uitgenodigd om een wekelijkse les in Logica te geven aan het WEA in Colchester.

Dat is goed nieuws.

WORKERS' EDUCATIONAL ASSOCIATION

Welkom, mijnheer Harding.

We hebben goede berichten over u ontvangen.

Ah nee! Ik begin me bewust te voelen van mezelf. Ik kan nauwelijks iemand aankijken.

Ik ben me intens bewust van mijn gezicht.

Ik tril over mijn hele lichaam. Ik ben één brok zenuwen.

Bedankt, mijnheer Harding. Tot volgende week.

Dat was lastig. Ik voelde me weer pijnlijk zelfbewust, bekeken, opgesloten en bang. Ik kon niemand in de ogen kijken.

Nadat het uittypen van de tekst in september 1950 afgewerkt was, begon Douglas meteen aan een kortere versie om aan uitgeverijen aan te bieden.

WED 20 FINISHED! Completed correction & bending

THU 21

Hij was zich bewust van het belang van zijn werk en noteerde zijn vorderingen in zijn dagboek.

THE HIERARCHY OF HEAVEN AND EARTH
A New Diagram of Man in the Universe
(synopsis)

PART I

PTER I THE VIEW OUT AND THE VIEW IN
n) The missing head. This
yself and in my own.
o answer

SEPTEMBER
Began synopsis FRI 22
S I

NOVEMBER

MON 13

TUE 14

WED 15

THU 16 S. finished

Moon First Quarter

S Posted to Gollancz

SAT 18

Posted MS to CS Lewis
Saurat

SUN 19

Douglas raasde door de samenvatting. Na niet meer dan twee maanden was ze af.

Hij stuurde de tekst naar auteurs en uitgevers en wachtte.

✓ Laurie
✓ Heard
✓ Inge
✓ Lewis
✓ Price
✓ Jacks
✓ Saurat
✓ Publishers
✓ Woodger

Ondertussen was Beryl beëdigd als magistraat.

Douglas begon werk te zoeken.

Air Ministry
ministry of Works
The Gas Board
Architects

Goed nieuws, Beryl. Mijn oude vriend Eric Sandon vraagt of ik partner wil worden in zijn architectenbureau!

Douglas werkte een tweede detectiveverhaal af dat hij begonnen was in India.

The Melrose Mystery

MARCH
MON 26

TUE 27

WED 28 CSL letter!

Dan kreeg hij een brief van C. S. Lewis…

Magdalen enz.
Paasdag 1951

Asjemenou,
je hebt me dronken gemaakt,
stomdronken

je hebt een meesterwerk
geschreven.

Eindelijk iemand die me begrijpt!

Lewis nodigde Douglas uit naar Oxford te komen.

4 juni

Stuur me een kaartje terug en ik boek een kamer voor jou.
Van harte,

C. S. Lewis

Je boek is een totaal nieuwe kijk op onze plaats in het universum — in het **levende** universum! Het is revolutionair.

Douglas' moeder stierf tijdens zijn bezoek aan Lewis. Ze was al een tijd ziek.

Een paar maanden later.

Lewis heeft een voorwoord geschreven. Hij heeft zijn nek uitgestoken voor mij. Ik zal hem voor altijd dankbaar zijn.

Uitgegeven door Faber & Faber in 1952.

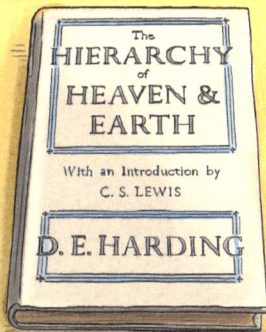

The
HIERARCHY
of
HEAVEN &
EARTH

With an Introduction by
C. S. LEWIS

D. E. HARDING

Een boek van uiterste originaliteit.

E. Fuller, Episcopal Church News.

Een werk van tien jaar is af!

Douglas bouwde snel een succesvolle praktijk als architect uit met Eric Sandon.

SANDON & HARDING, ARCHITECTS

Hij ontwierp en bouwde een huis. "Shollond Hill" stond in het dorp Nacton nabij Ipswich.

1956

Het is heel modern, vader.

Ondertussen ging Douglas verder met zijn levenswerk. Hij schreef een tragedie, een voorstelling van sommige ideeën uit *The Hierarchy of Heaven & Earth*.

VISIBLE GODS

Visible Gods is een ingebeelde conversatie tussen Socrates en verschillende moderne denkers.

U bent het met me eens dat het universum een veellagig levend geheel is, dat de sterren 'zichtbare goden' zijn.

U hebt onze woorden verdraaid, Socrates.

Ik heb uw argumentering alleen verder uitgewerkt tot haar conclusie!

Het universum leeft niet! Alleen heel kleine stukjes ervan zijn levend.

Nu we alleen zijn, bisschop, wat denkt u werkelijk?

Mijn beste Socrates, u toont ons via onze eigen wetenschap het levende universum, maar wij weigeren het te accepteren.

We 'weten' dat het universum dood is en ieder die iets anders zegt doen we af als een dichter of een gek.

Douglas was voor op zijn tijd en zijn wereldbeeld werd algemeen genegeerd.

80

September 1957

Mijn zuster heeft gebeld. Vader is overladen.

Edgar was een goede Plymouth Brother, die waardig de zondigheid van zijn zoon aanvaardde.

Iedereen is welkom in de zaal voor de thee, behalve mijnheer Harding.

Zij kunnen me niet op de brandstapel zetten, dus doen ze het tweede ergste wat je in Engeland kunt doen. Ze vragen me niet op de thee!

Douglas ontmoette zijn zuster Freda op een parking langs de A12 om over het testament van hun vader te spreken.

Ik weiger om je binnenshuis te ontmoeten, onder hetzelfde dak als jij, want je verliet het geloof van onze lieve vader.

Later, terug thuis.

Mis je je vader?

Ja, Beryl, ik hield heel veel van hem. Zijn volledige toewijding aan de waarheid zoals hij die zag inspireert me. Hoezeer heb ik hem gekwetst door de Brethren te verlaten.

81

Ik verdien geld, ik heb voor mijn gezin gezorgd, ik heb geen wereldlijke ambities meer.

Maar ik ben bijna 50. Ik blijf ter plaatse trappelen. Wat is de volgende stap in mijn levenswerk?

Het was alsof het universum Douglas' vraag beantwoordde.

The Saturday Evening Post vroeg een artikel.

Mijn kans om een groot publiek te bereiken.

Het universum geherwaardeerd. Elke eeuw heeft zijn wereldbeeld.

De bekende fotograaf Tom Blau maakte een foto van Douglas voor The Post.

The Saturday Evening POST
4 March 1961   15c

Het artikel van Douglas trok de aandacht.

ACADEMY OF ACHIEVEMENT
Monterey, California, June 26, 1961
Dear Mr. Harding:
The Academy invites you to the banquet as a guest of honor.

Maar al werd hij stilaan opgemerkt, toch bleef Douglas zijn oude zelf.

Edward Teller, 'de vader van de waterstofbom'

De Russen halen ons in op het vlak van techniek. We moeten hen nu bombarderen voor het te laat is.

Dat is schandalig.

Ja, Roethke, daar ga ik niet voor rechtstaan en applaudisseren!

Communist!

Bedankt! We willen u de hand schudden.

Douglas ontdekte Zen.

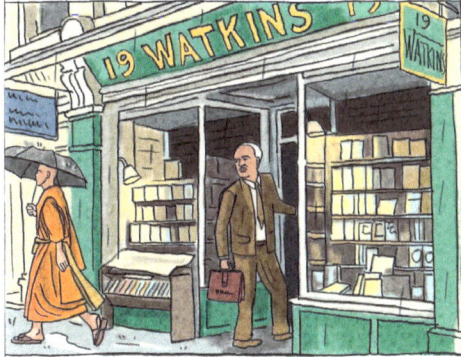

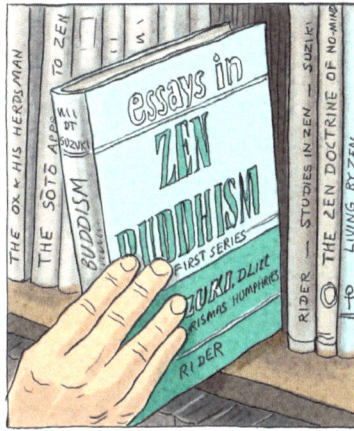

Hui-Neng zag wat ik zie: deze gezichtloze ruimte.

Toon me de waarheid, Hui-Neng.

Kijk naar je Oorspronkelijk Gezicht, Ming – het Gezicht dat je had voor je geboren werd.

Zen spreekt mijn taal. Eindelijk ben ik in het gezelschap van hoofdloze Zieners.

Over Hoofdloosheid. een bijdrage aan Zen in het westen.

Als ik mijn ontdekking van hoofdloosheid plaats laat vinden tijdens mijn wandelingen in de Himalaya zal het de aandacht van de lezer grijpen…

Misschien zullen Boeddhisten hoofdloosheid waarderen.

Ik wil me inschrijven voor de zomercursus van de Buddhist Society.

Douglas werd een bekend gezicht op de zomercursus.

Het boek van Harding brengt nieuwe inzichten in Zen.

Ja, hij doet beroep op de directe ervaring.

On Having No Head werd een moderne spirituele klassieker.

Douglas las ook *Gesprekken met Ramana Maharshi.*

Ramana heeft gelijk, het Zelf is duidelijk. Iedereen kan deze Ruimte zien.

Ik voel dat zijn aanwezigheid me helpt om standvastig in het Zelf te blijven. Geen aarzelingen meer.

Douglas, Helen is onze nieuwe secretaresse.

Douglas, mag ik je boek lezen?

Natuurlijk, Helen.

1964

Een paar dagen later.

Ik geloof dat ik begrijp wat je bedoelt. Ik ben Ruimte voor de wereld.

Inderdaad, je begrijpt het.

Zien had een dramatisch effect op Helen.

Opeens verslaat ze iedereen!

Nu ik niet meer in de weg sta speel ik beter!

Nu begrijp ik de mystici!

Ja, je ziet wat zij zagen – het Zelf, het Heldere Licht, de Grond van het Zijn.

RAMANA
ECKHART
RUYSBROEK
CHEN-CHI
RUMI

Eindelijk, na 20 jaar, heb ik Zien duidelijk gedeeld. Nu kan ik sterven.

Douglas begon Zien met meer mensen te delen, maar zijn gezinsleden waren niet geïnteresseerd.

Twee mensen zagen hun Geen-gezicht tijdens mijn lezing!

Ze vingen een glimp op, vader, maar zij zijn niet verlicht.

Jij ook niet, Douglas.

Douglas ontmoette voor het eerst zijn dochter Lydia.

Hij heeft geen belangstelling voor mij, alleen voor Zien.

Douglas bouwde een tweede huis aan de andere kant van de straat.

'Under Shollond' zal een plaats zijn voor vrienden Zieners.

In december 1965 bezocht Douglas India opnieuw.

Eén van de redenen voor deze reis was om afstand te nemen van Helen.

Je bent heel bijzonder, Douglas.

Ik zie je graag, Helen, maar we zijn gewoon vrienden. Je moet mij onderscheiden van Zien.

Douglas ontmoette de heilige Anandamayi Ma.

Ma vroeg me u haar sjaal te geven en zegt: 'Ik ben jou, ik ben jou'.

Februari 1966

Welkom terug op kantoor, Douglas. Ik heb nieuws, ik ben verloofd met Helen!

Proficiat, Eric.

Helen nam nu afstand van Douglas.

85

Ik voel me verbonden met de mystici van alle tradities. Zij waarderen deze Nietsheid die de wereld negeert.

Douglas kreeg opdracht een boek te schrijven.

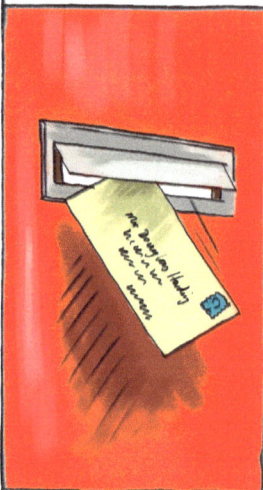

We willen u vragen een boek te schrijven over de belangrijkste religies van de wereld.

Wat een kans!

RELIGIES VAN DE WERELD

HIN

RELIGIES VAN DE WERELD
HINDOEISME
Het verhaal van de grote religies begint in India.

Er is slechts Een. Hij die de Ene opdeelt zwerft van dood naar dood.

Bevrijding is je realiseren dat jij de Ene bent. Alleen de Ene is echt vrij.

The UPANISHADS

RAMAKRISHNA

Ik zie God duidelijker dan ik u zie.

Ik kan gezichten maar vluchtig bekijken, maar mijn Geen-gezicht zie ik volmaakt. Alleen in mijn centrum bevindt zich dat wat waarlijk zichtbaar en echt is – de Ene, de Alene.

De waarheid zien door de ogen van de grote wijzen is heel inspirerend.

Wekelijks onderwees Douglas vergelijkende religie.

U bent over elke religie enthousiast!

Elke religie viert de Realiteit op een unieke manier.

BOED

De Boeddha gaf een belangrijke raad aan de monnik Ananda.

BOEDDHISME
LEEGTE

Wees je eigen autoriteit. Wees niet afhankelijk van anderen.

Zelf kijken naar wat je bent is belangrijker dan vertrouwen op enige tekst of leraar!

Bent u Douglas Harding niet?

Ja. Ik bestudeer Zen voor mijn boek over de wereldreligies.

Zen wijst naar Verlichting door 'koans' – raadsels zoals "Spreek zonder uw tong te gebruiken." Het klinkt als nonsens.

Kijk! Merk op dat u uw tong niet kunt zien. Uw woorden komen vanuit Leegte, vanuit Stilte.

Moet ik mezelf niet zuiveren voor ik mijn Boeddhanatuur kan zien?

Nee! Zenmeester Ummon zei: "Word eerst verlicht, werk daarna aan je slechte karma!"

Maar ik heb veel tekortkomingen.

Die hebben we allemaal, maar zij zijn perifeer, niet centraal. Ze overschaduwen uw Ware Zelf niet.

Dat klinkt te eenvoudig!

Je Boeddhanatuur zien is eenvoudig. De uitdaging is om van daaruit te leven.

Ik moet zeker bijzonder kwaliteiten ontwikkelen.

Geef de Wortel water en de bloem zal voor zichzelf zorgen.

Daar moet ik eens over denken.

Niet denken, kijken!

JUDAÏSME EN MYSTICISME

Gij zijt de ziel van mijn ziel.
Solomon ibn Gabirol

Al plaatst Judaïsme God 'daarbuiten', waar Hij Zijn volk opdraagt in rechtvaardigheid te leven, toch vindt het Hem ook 'hier binnen'.

Met Harding. Kan ik mijn uitgever spreken?

Hij is er niet? Ik heb al verschillende keren gebeld.

U stelt voor dat ik morgen terugbel...

Frustrerend!

Anderen krijgen macht over je als je wil gescheiden is van Gods wil.

Rabbi Nachman

Als de zaken niet lopen zoals ik wil voel ik me machteloos, overgeleverd aan anderen. Het leven is niet eerlijk.

Maar niet praten met mijn uitgever moet zijn wat God juist en eerlijk acht voor mij. Het is niet wat **ik** *wil maar wat* **de Ene** *wilt.*

Toch ben ik hier de Ene, dus alles komt uit mij voort en is mijn wil. Wat gebeurt is dus wat **ik** *echt wil. Er is niemand buiten mijn Zelf om zich tegen mijn wil te verzetten.*

DRING

DRING

Telefoon! Misschien is het mijn uitgever. Misschien is God van gedachte veranderd!

Ja? Uw naam is Martyn. U ontdekte zopas hoofdloosheid?

Volgende week ben ik in Londen. Laat ons afspreken.

Toen ik jong was kwam ik vaak naar Westminster Cathedral.

Toen Jezus zei: "Mijn Vader en ik zijn één," zag hij dat hij God was, net zoals wij nu deze realiteit zien.

Maar als je zegt dat je God bent, bedoel je niet dat Douglas God is, nietwaar?

Nee. En ik ben er zeker van dat Jezus niet bedoelde dat hij, als mens, God was.

Jezus verwees naar zijn Realiteit, niet naar zijn verschijning. Ik heb een onorthodoxe mening over Jezus.

Jezus sprak ook over liefde: "Heb je naaste lief zoals jezelf."

93

Omdat hij zag dat zijn naaste hemzelf was.

Als ik zie dat ik hier leeg ben,

dan sterf ik voor mezelf en word herboren als jou.

Ik verdwijn ten voordele van jou en zo word ik jou. Dat is "je leven geven voor je vriend."

Je hebt een grote liefde voor het Christendom.

Dat komt door mijn vader. Zijn liefde voor Jezus inspireerde me als kind. Zien wie ik ben heeft me opnieuw verbonden met iets heel diep in mij.

Bedankt om mij de Waarheid te tonen.

Kom me bezoeken. Je zult anderen ontmoeten die deze Weg waarderen.

en een dansende derwish.

Roemi was een Soefi, een islamitische mysticus. Hij was een groot dichter

God is nader tot de mens dan zijn halsslagader.
De Koran

Rond mijn stille centrum wentelen de aarde en de hemelen.

Ik ben onbestaand, ik heb mezelf opgegeven. Hij is alles. Er is geen bestaan buiten Gods bestaan.

De Meester heeft zich overgegeven aan de Geliefde.

Zoals Roemi ben ik onbeweeglijk.
De wereld danst in mij.

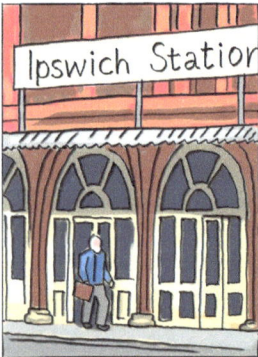

'Ja' zeggen tegen deze Openheid is je overgeven aan de Realiteit.

Zien dat ik leeg ben van mezelf is zien dat ik vervangen word door God.

Ik besta niet buiten God. Alleen God is bewust. Alleen God is.

Religions *Of The World* werd in 1966 uitgegeven en werd gebruikt in het onderwijs.

A Liberal Studies Book

RELIGIONS
OF THE
WORLD

D.E. Harding

Heinemann

Ik heb uw nieuwe boek gelezen. Op het einde verzoent u religie met wetenschap.

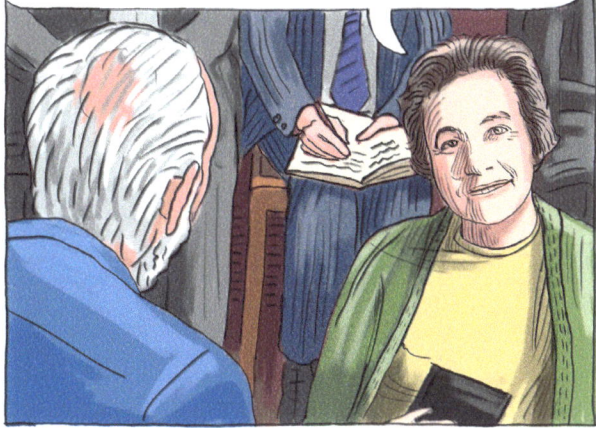

Wat de wetenschap me vertelt over mezelf – lichaam en geest, op alle niveaus – is een religieuze openbaring.

Als je hier in je fysieke centrum bent, ben je ook in het levende hart van elke religie.

Elke religie belicht een belangrijk aspect van de Realiteit – van **jouw** Realiteit.

HINDOEÏSME – Eenheid

BOEDDHISME – Leven in aandacht

JUDAÏSME – Rechtvaardigheid

CHRISTENDOM – Naastenliefde

ISLAM – Overgave

De grote religies van de wereld zijn een levend geheel. Ze zijn takken van dezelfde boom.

Het zijn verschillende maar complementaire stemmen, gesproken door de Ene die voorbij alle woorden en alle beelden is, maar toch nader tot jou is dan je adem.

U lijkt vanuit ervaring te spreken, niet enkel vanuit theorie. Hoe kunnen wij de Ene ervaren?

Merk op dat je je gezicht niet kunt zien. Je kijkt vanuit dat wat Zen je 'Oorspronkelijk Gezicht' noemt. Die vormloze ruimte is wat je werkelijk bent.

Hoe eenvoudig! En juist!

1 mei 1966

Met pensioen op 57. Douglas! Geniet van je vrijheid!

Nu kan ik nog meer tijd besteden aan mijn levenswerk.

Douglas en Beryl leden meer en meer hun eigen leven.

Ik heb bezoekers dit weekend.

Ik wil ze niet ontmoeten, Douglas. Zien interesseert me niet.

Er ontstond een gemeenschap van Zieners naarmate Douglas experimenteerde met nieuwe manieren op dit te delen.

Ik zie niet wie ik ben.

Deze sjaal uit India zal je misschien helpen.

Wat zie je daarbinnen?

Niets. Behalve de wereld!

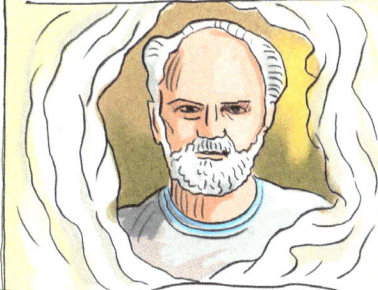

Je hebt het begrepen!

Douglas, waarover gaat dit boek?

Dat is iets dat ik moest uitwerken, maar je moet dat niet lezen. Kijk gewoon daar.

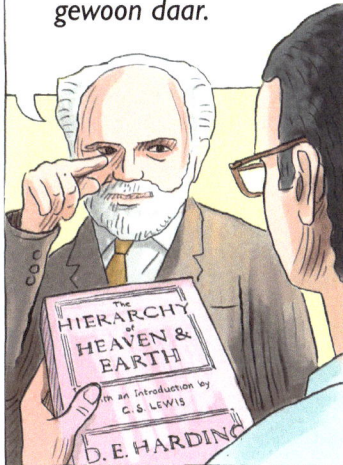

Tegenwoordig accepteer ik niet dat mensen niet kunnen Zien. Er belang aan hechten is natuurlijk iets anders.

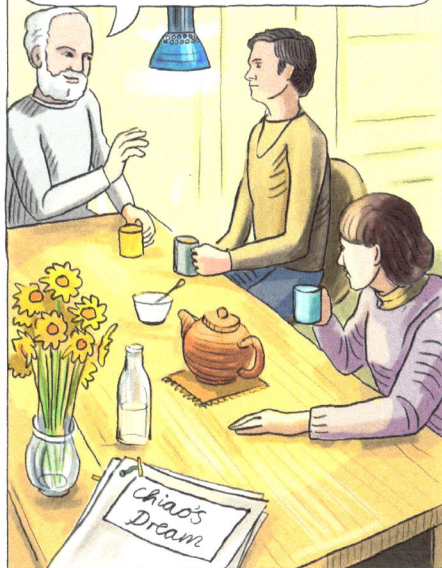

Douglas gaf een lezing voor een lokale club van jonge vrouwen.

Ik begrijp wat je bedoelt, Douglas.

Dat zie ik, Anne. Kom ons eens bezoeken in Under Shollond.

Douglas onderzocht de psychologische gevolgen van Zien.

De ideeën van Berne inspireerden hem.

Aan de basis van alle psychologische spelletjes ligt het belangrijkste spel: doen alsof je leeft van achter een gezicht.

Als ik me een gezicht hier voorstel, speel ik een spel. Ik speel het Gezichtspel.

Dit maakt dat we ons gescheiden van anderen voelen, geïsoleerd en alleen.

Het is het spel waarbij ik me hier achter mijn gezicht bevind en jij daar achter het jouwe.

Als ik zie dat ik gezichtloos ben valt dit spel, dat pretenderen weg.

Ik herontdek de echte 'ik', die ruimte is voor jou!

Douglas stuurde zijn artikel naar Berne in San Francisco.

"Verlichting is ophouden het spel te spelen dat je een mens bent." We zullen het publiceren.

Het Gezichtspel niet spelen leidt tot ware intimiteit!

April 1967

HET GEZICHTSPEL
TRANSACTIONELE ANALYSE
TOEGEPAST OP ZEN
D. E. Harding

100

De zomercursus van de Buddhist Society	Douglas maakte meer vrienden en gaf meer lezingen.

Wat een verschil met al die jaren op mijn eentje.

Nottingham

Doncaster

Bristol

In York ontmoette Douglas Mike Heron van The Incredible String Band.

Welkom!

Je hebt gelijk!

In dit kelder-appartement bevindt zich een man zonder hoofd!

| Waarom noem je je lied 'Douglas **Traherne** Harding'? | Ik heb wat uitspraken van Traherne gebruikt in de liedjestekst. | THOMAS TRAHERNE 1637-1674 CENTURIES For Mike, with love Dad | Douglas, we treden op in de Albert Hall. Kom je ook alsjeblief? Graag. |

29 juni 1968

Toen ik geboren werd had ik geen hoofd.

Mijn oog was één en mijn lichaam was vol van licht.

En het licht dat ik was, was het licht waardoor ik zag.

Beste Douglas
Achter de schermen van concerten overal blijf ik stralende wezens tegenkomen die je hebben gehoord of gezien, of je hebben ontmoet in de bladzijden van je prachtige boeken Het herinnert me aan de warme sympathie die ik voor je voel.
Met liefde,
Mike Heron

Ben je gezicht tegenover gezicht of ruimte tegenover gezicht met anderen?

Oktober 1968. Een plaatselijke meisjesschool.

Ik hoorde u spreken op mijn school. Ik ben verschrikkelijk zelfbewust. Ik voel zelfmoordneigingen. Ik heb hulp nodig.

Laat ons afspreken op de parking van de school.

Ik haat mijn gezicht. Ik wil plastische chirurgie.

Ik was even pijnlijk zelfbewust als jij.

Dat is helemaal verdwenen omdat ik nu zie waar mijn gezicht is. Het is daarbuiten in anderen en in de spiegel, niet hier.

Je bent als openheid gemaakt.

Je gezicht is niet jouw probleem. Het hoort anderen toe.

Een jaar later.

Beste Douglas Harding, Alles wat u zei heeft een diepe en blijvende indruk op mij gemaakt en veranderde mijn houding onmiddellijk en radicaal, zowel tegenover mezelf als tegenover andere mensen.

Douglas geraakte meer bekend in de Boeddhistische kringen.

Welkom in Under Shollond, Alan.

Hier is een exemplaar van mijn boek, Douglas.

THE WAY OF ZEN
ALAN W. WATTS

Ik wil hoofdloosheid begrijpen.

Het is geen kwestie van begrijpen maar van zien.

De volgende ochtend

ON HAVING NO HEAD

Ik had een droom. Het hoofd van iedereen was vervangen door licht – **het** Licht.

Nee, Alan! Anderen houden hun hoofd. Alleen jij, de eerste Persoon, bent hoofdloos.

Ik heb een afspraak met Eric Berne in San Francisco.

Kom naar Sausalito en geef een lezing op mijn woonboot.

Zoals de Hartsoetra zegt: "Hier is vorm leegte en leegte is vorm."

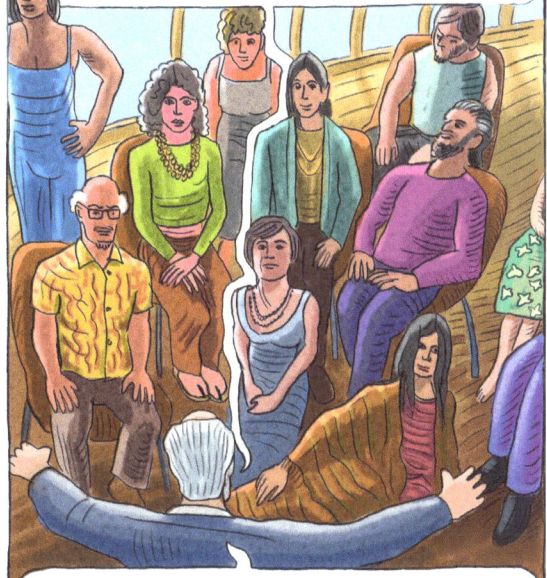

Juni 1969

Welkom in mijn huis, Douglas.

Er is geen scheidingslijn. Ik ben jou.

103

De Amerikaanse Zenleraar Kapleau kwam op bezoek.

THE THREE PILLARS OF ZEN

TEACHING / PRACTICE / ENLIGHTENMENT

compiled & edited by

PHILIP KAPLEAU

foreword by HUSTON SMITH

Under Shollond is het spirituele centrum van Engeland!

1970. Kapleau nodigde Douglas uit in zijn Zencentrum in Amerika.

We heten Douglas van harte welkom. Hij ziet zijn Oorspronkelijk Gezicht.

Toen Douglas twee jaar later terugkeerde was alles veranderd.

Je kunt niet Zien als je met gesloten ogen zit en weigert de experimenten te doen!

Jullie hebben Douglas gehoord. Wil één van jullie nu naar voor komen en deze Verlichting testen?

Hoe helpt hoofdloosheid als ik aan je neus trek?

Wat een onzin!

Je belet me te delen. Ik word gepest.

Je bent kwaad op mij, Douglas.

Inderdaad!

Je bent geslaagd voor de test.

Ik ben niet hier om getest te worden. Ik ben niet hier om die belachelijke spelletjes te spelen.

De eenvoud en beschikbaarheid van Zien is een bedreiging voor zijn hiërarchie en zijn positie aan de top.

1971. Douglas ging naar Noord-Amerika met een jonge vriend.

Colin, we doen een weekendworkshop in Toronto. In plaats van enkel tegen de mensen te **spreken** moeten we **dingen doen** met hen.

Welkom bij 'The Claremont Experiment'.

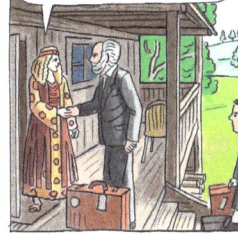

Moeten mensen iets mee-brengen voor de workshop?

SPEELTUIN VOOR VOLWASSENEN

Een sjaal of een handdoek.

Colin zal jullie inwijden in het 'Handdoekisme'!

Drapeer je handdoek zo.

Omkadert hij jouw gezicht of de wereld?

Het is net een tunnel!

Douglas had die nacht een idee.

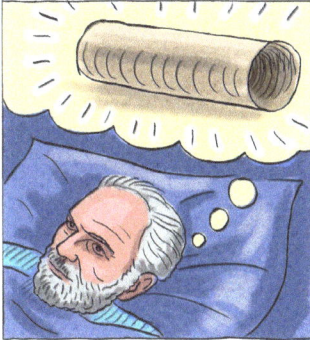

Ik snij de bodem van deze vuilniszak.

Colin, word wakker.

Dit maakt duidelijk dat we gezicht tegenover Geen-gezicht zijn.

Je kunt er niet naast kijken! Ik ben jou.

Zo ging Douglas van enkel spreken naar het toevoegen van 'experimenten'.

Terug in Engeland

Carole en ik vinden dat het ruilen van hoofden de basis is van liefde.

Ja, ik verdwijn nu ten voordele van Anne.

Toen hij zag hoe effectief de experimenten waren, ontwikkelde Douglas al snel zijn manier van presenteren.

De bedoeling is je Ware Zelf te **ervaren**, niet enkel er over te denken.

Wijs naar buiten – je ziet dingen.

Wijs naar binnen – geen ding!

Wijs in beide richtingen – deze Ruimte is niet enkel leeg, ze is ook gevuld.

Je kijkt door twee openingen daar.

Zet ze op. Nu kijk je uit één opening – je grenzeloze Ene Oog!

Draai rond. Beweeg jij of is het de wereld die beweegt?

Met gesloten ogen, hoe groot ben je? Welke vorm heb je? Hoe oud ben je?

Is je gezicht boven je schouders of in de spiegel?

Tijd en het Tijdloze

Daar zijn de bewegende wijzers, die de voortgang van de tijd weergeven. Tijd en verandering gaan samen.

Hier is geen beweging, geen verandering, geen tijd. We kijken in de tijd vanuit het Tijdloze.

God zij dank ben ik niet zo!

Douglas ontwikkelde ook experimenten voor groepen.

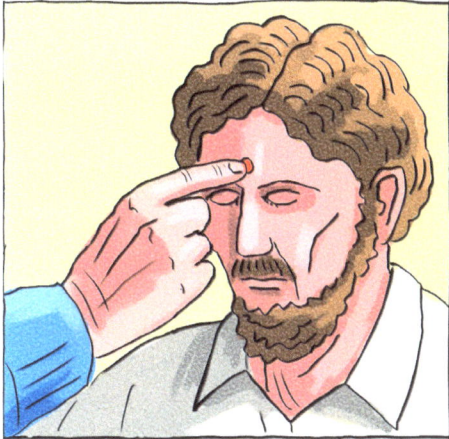

109

Ik bewoog omdat je ons dat opdroeg. En als ik niet bewogen had, dan zou ik niets geleerd hebben.

Stil blijven staan betekent geen spel, en als er geen spel is, dan is er geen plezier.

We moeten meedoen als we willen leren en avonturen beleven – niet alleen in dit spel maar ook in het leven.

Ik ben kleurenblind. Ik realiseer me dat ik je bij de verkeerde groep plaatste.

Ik vertrouwde je!

Anderen vertellen ons wie we zijn. Al zijn ze niet volledig betrouwbaar, functioneren in de samenleving houdt in dat je anderen vertrouwt.

Ik voelde me buitengesloten tot iemand me uitnodigde in een groep.

We hebben allemaal een diepe behoefte om ons thuis te voelen.

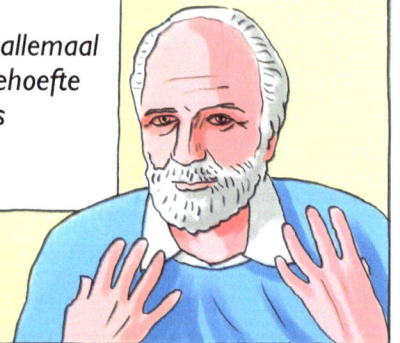

Ik wil geen etiket krijgen. Het beperkt me.

Onze weerstand is begrijpelijk!

110

Natuurlijk! Mijn gezichtloze leegte! Ik heb geen anderen nodig om te bevestigen dat dit echt is.

Mijn Ware Natuur is vanzelfsprekend. Het is het enige waarvan ik zeker ben.

Hoe kan het zien van deze Ruimte van nut zijn in onze levens?

Deze Ruimte is mannelijk noch vrouwelijk, christelijk noch islamitisch. Hier zijn we niet verschillend.

Ja! Ik zit niet in een groep, alle groepen zitten in mij. De wereld moet dit weten!

Mijn diepste wezen is volmaakt betrouwbaar. Wat een ontdekking!

Onze identiteit heeft twee kanten. Publiek ben ik classifieerbaar. Jij identificeert mij als een mens, als Douglas. Ik vertrouw op jouw feedback om mezelf te kennen.

Maar privé ben ik onclassifieerbaar. Ik heb jou niet nodig om dit te bevestigen. Ik zie het zelf. Alleen ik ben de autoriteit over wat ik hier ben, want alleen ik ben hier.

Ontwaken voor je Ware Zelf is in een nieuw leven geboren worden. Je zit niet langer opgesloten in je verschijning.

Dit is de bron van grote vrijheid,

vertrouwen, verwondering, vreugde, liefde, vrede...

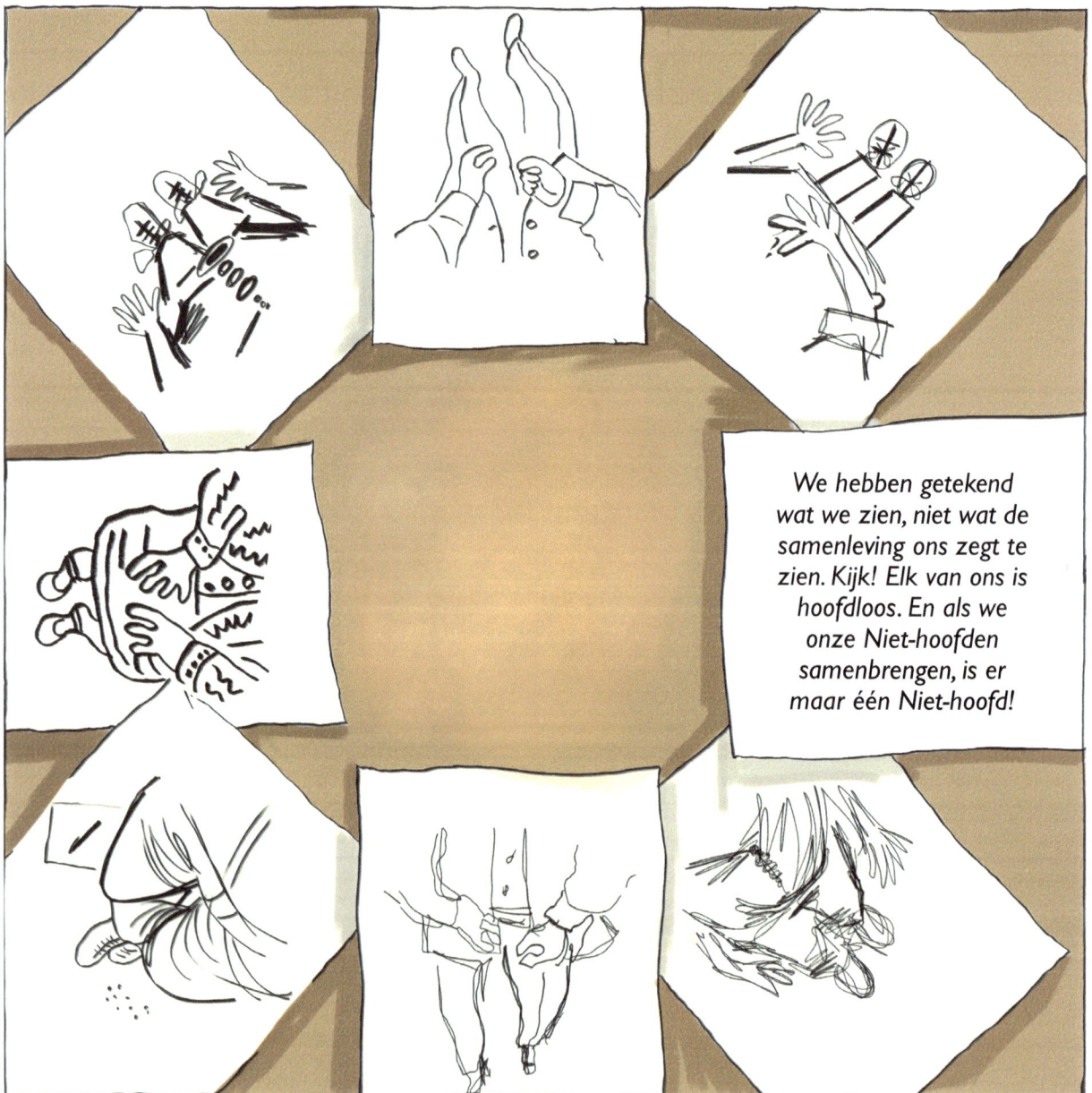

De Hoofdloze cirkel

Kijk omlaag naar de kring van lichamen.

Geen scheidingslijnen bovenaan.

Vele lichamen die uit één Ruimte hangen!

Ik heb vele benen gekregen!

Vele stemmen in één Stilte!

Ik ben jou.

Daar beneden zijn we velen, hierboven zijn we Eén.

De Zon van mijn Ziel

Tussen jouw armen bevindt zich jouw unieke uitzicht.

Jouw uitzicht overlapt met de uitzichten van anderen.

Je ervaart alleen jouw uitzicht. Je hoort van andere uitzichten.

Je kijkt naar jouw uitzicht vanuit dit grenzeloze Bewustzijn.

We ervaren één van de zichten vanuit dit Bewustzijn en horen van de andere.

Vele zichten vanuit Eén Bewustzijn!

Dit is een manier om te denken over het mysterie van de Ene die Velen is.

Bewustzijn is zoals de zon. Eén licht, vele stralen.

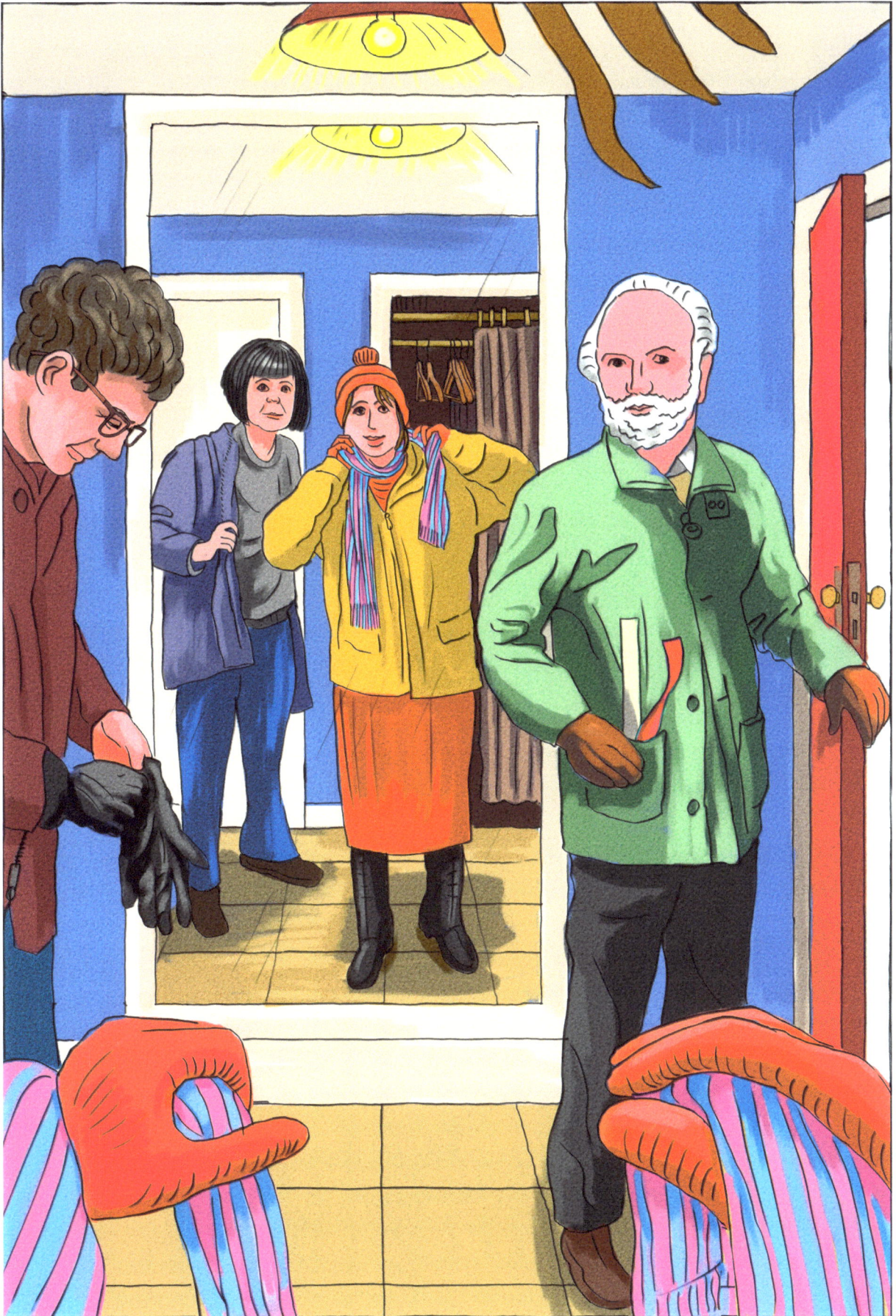

Ik kijk omlaag naar mijn lichaam.

Nu kijk ik omhoog naar de hemel. De hele tijd blijf ik voor jou zichtbaar.

Wanneer ik omhoog kijk, verdwijn ik!

Nu verschijn ik opnieuw.

Verschijnen en verdwijnen. Magie!

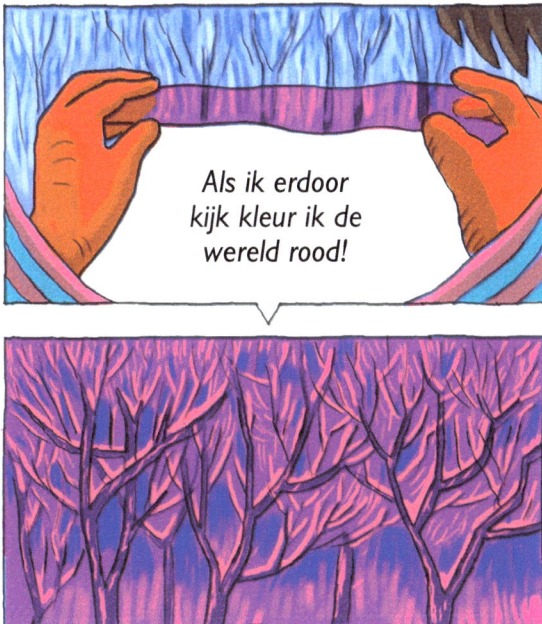

Welke voordelen brengen mijn krachten mij?

Ze brengen geen uiterlijke voordelen, maar innerlijk bevestigen ze je goddelijke status.

De Ene in mij is geweldig!

Jij bent een wonder. **Het** wonder. Hoe machtig ben jij! Wat een verbeeldingskracht en creatieve flair!

En niet alleen schep je elk ding, je schept ook jezelf.

Je bent God die op mysterieuze wijze zichzelf uit het niets tevoorschijn tovert.

Zelf-schepping! Dat is de allerhoogste magie!

Douglas werkte persoonlijke ontwikkeling uit in vier fasen.

Je bent je er niet bewust van dat anderen jou als een baby zien.

1. Als baby ben je hoofdloos – ruimte voor de wereld.

Je bent niet diegene in de spiegel.

2. Als kind leer je diegene in de spiegel te zijn.

Dat is Douglas.

Dat ben jij.

'Je gezicht opzetten.'

Beeld je dit in: grijp je gezicht in de spiegel,

trek het eruit,

PLOP

draai het binnenstebuiten,

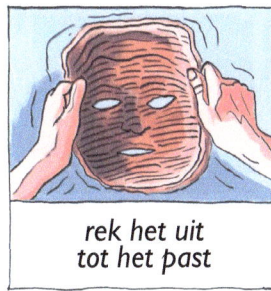

rek het uit tot het past

en zet het op.

Nu denk je over jezelf zoals anderen je zien.

Goed gedaan, Douglas.

Maar als kind vergeet je vaak je gezicht te dragen.

3. Als volwassene draag je je gezicht de hele dag.

Dat ben ik.

Je bent gekrompen van alles zijn naar een klein deel zijn.

Het is geen verrassing als je je onzeker voelt, opgesloten, vervreemd…

4. De ziener.

Nu leef ik een tweezijdig leven. Publiek ben ik een mens, privé ben ik ruimte voor de wereld!

Wat een opluchting! Innerlijke veiligheid, vrijheid, hereniging met de wereld.

125

Een paar jonge vrienden van Douglas hadden LSD genomen.

Douglas, wil jij een trip nemen?

Ik wil het wel graag ervaren.

Op een avond.

Elk één. Het werkt de hele nacht door.

De Stilte lijkt nog dieper dan gewoonlijk.

Laten we een experiment doen.

Je werd de angstaanjagende kobold in de kolenkelder uit mijn jeugd!

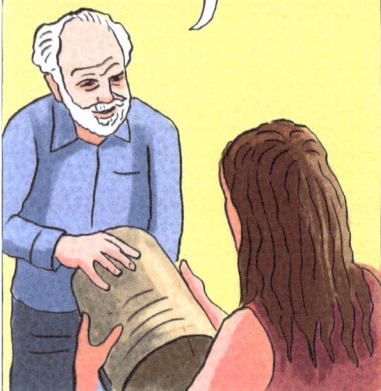

's Morgens.

Ik ben blij dat ik het ervaren heb, maar ik doe het niet opnieuw.

Het was een piekervaring die voorbijging. Je Ware Zelf is een 'dal'-ervaring — onopvallend, ja, maar altijd aanwezig, altijd betrouwbaar.

Douglas gaf vol gas. Hij schreef meer boeken en bleef reizen.

ME

The Science of the 1st PERSON

THE HIDDEN GOSPEL

THE HIDDEN G

GAMES FOR THE KINGDOM

Nederland Canada

België Frankrijk

Zwitserland USA

Zoek het antwoord op deze Zenkoan: "Hoe kun je de hele Westrivier in een slok opdrinken?"

New York

De Westrivier is niet in de buurt, maar de 'East River' wel. Sta ernaast, stroomopwaarts kijkend. Zie hoe ze in je Brede Mond stroomt!

Hij schreef artikels.

THE MIDDLE WAY
JOURNAL OF THE BUDDHIST SOCIETY

5

The Mountain Path

Een Boeddhistische workshop

Perseus en de Gorgonen

Douglas bleef vergelijkende religie onderwijzen.

Meestal had hij bezoekers in het weekend en vaak ook in de week.

1975, BBC 2
Het innerlijke verhaal

Douglas, de opnames starten binnen tien minuten.

Uw energie en creativiteit zijn grenzeloos!

Ik vertrouw op de Bron – "de put die nooit droog staat".

127

Maak jezelf niets wijs. Niemand hier zal in dit leven verlicht worden.

Dat is voor mij bedoeld! Ik kom al 17 jaar maar dit is de laatste keer.

. . .

Beryl was akkoord dat we de beide huizen konden gebruiken voor deze tiendaagse bijeenkomst terwijl zij weg is.

In plaats van onze ervaring te toetsen aan de woorden van Jezus zullen we zijn woorden toetsen aan onze ervaring.

THE HIDDEN GOSPEL

"Waar er twee of drie in Mijn naam bijeenzijn, BEN IK in hun midden."

Ja. Deze Ruimte van waaruit onze lichamen verschijnen is het IK BEN waar Jezus over sprak – in ons midden.

"Jezus zei: 'Neemt en eet, dit is mijn lichaam.'"

Dit eten verdwijnt in de Ene. Materie wordt geest. Elke maaltijd is de Heilige Communie!

LEEGTE

Toen Beryl terugkwam . . .

Douglas, onze relatie is gestorven. Ik ga weg.

Neem jij dit huis, ik zal in het andere wonen.

Nee. Ik verhuis naar Ipswich.

128

Ik ga een nieuwsbrief beginnen voor onze groeiende gemeenschap.

Ik heb er een logo voor ontworpen, Anne.

Richard, jij bent de eerste die de uitgebreide versie van The Hierarchy helemaal gelezen hebt.

Het is een verbijsterend boek, Douglas. De wereld zou het moeten leren kennen!

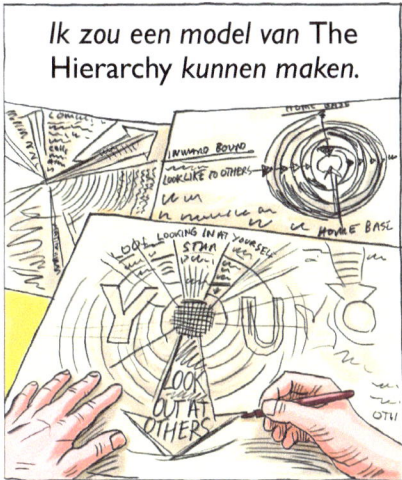

Ik zou een model van The Hierarchy kunnen maken.

De U-niversum Explorer is een model van elk van ons.

Aan de buitenkanten vind je de lagen van je lichaam. Aan de binnenkanten zijn het de lagen van je geest.

Begin de audiogids op te nemen, Douglas.

Ik ontwierp De U-niversum Explorer om me te helpen deze meest opwindende van alle vragen te stellen: wat ben ik?

A GUIDE FOR COSMONAUTS

SIDE 1 INTRODUCTION & VANES 1 to 3 | SID

!	You've happened! You are	0		yo
	how you appear to others	181		yo
	what you see in the glass	292		y
	what you feel like and need	395		
?	We zoom in to you and find	482		

Een brief van Hal uit de Amerikaanse regering.

Directeur Onderwijs voor de Begaafden en de Getalenteerden.

31 augustus 1976

Ik feliciteer u met uw ongelooflijke creativiteit. Dit is de meest opwindende en goedkope studiehulp die ik ooit gezien heb!

Waarom is de Directeur Onderwijs in Amerika geïnteresseerd in De U-niversum Explorer?

Hal erkent dat het een hoogstnoodzakelijk model is van het gehele veld van kennis.

Het plaatst elk onderwerp dat op school bestudeerd wordt binnen een organisch geheel.

En dat is niet alles: elke laag is een laag van jou, een verschijningsvorm van jouw Centrum.

Als een onderwerp niet relevant is voor ons dan is het moeilijk om geboeid te blijven.

Maar met één blik zien de leerlingen dat elk onderwerp relevant is omdat ze leren over een laag van henzelf.

Biologie, scheikunde en fysica bestuderen de nabije lagen van jezelf,

geschiedenis, politiek, literatuur… de middelste lagen,

geologie, aardrijkskunde, astronomie.. de buitenste lagen.

Nu kan een leerling zeggen: "Onderwijs gaat over mij!"

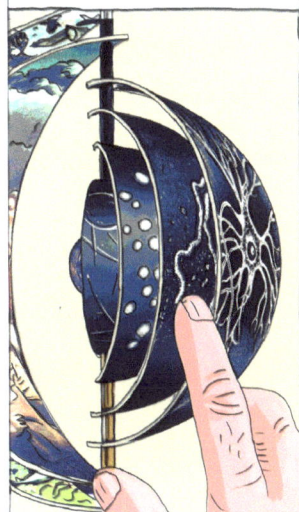

Elke school zou er een moeten hebben!

Douglas schreef een verhaal, een odyssee doorheen de lagen van het U-niversum.
(G. N. Idrah is Harding achterstevoren.)

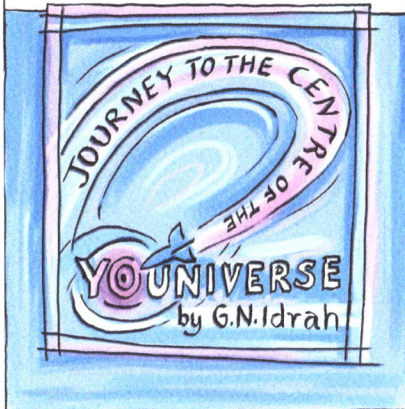

Ik ben U-lysses. Voor de allereerste keer hoor ik een geluid in de eindeloze stilte. Een lied. Wie zingt er? Ik wil het weten.

Eerst lijkt het lied uit dit sterrenstelsel te komen.

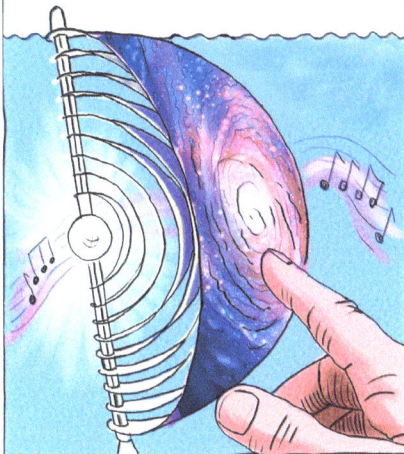

Opeens verschijnt de Wormwolf. Hij begint me te achtervolgen.

Ik ontsnap door in het sterrenstelsel te springen, ik ontdek een ster. Is dit de zanger?

Maar de Wormwolf blijft me achterna zitten.

Ik spring in de ster om te ontsnappen en ontdek een planeet – de Aarde. Dit moet de zanger zijn! Ik wil hier uitrusten maar de Wormwolf laat me niet stilzitten. Hij jaagt me opnieuw op.

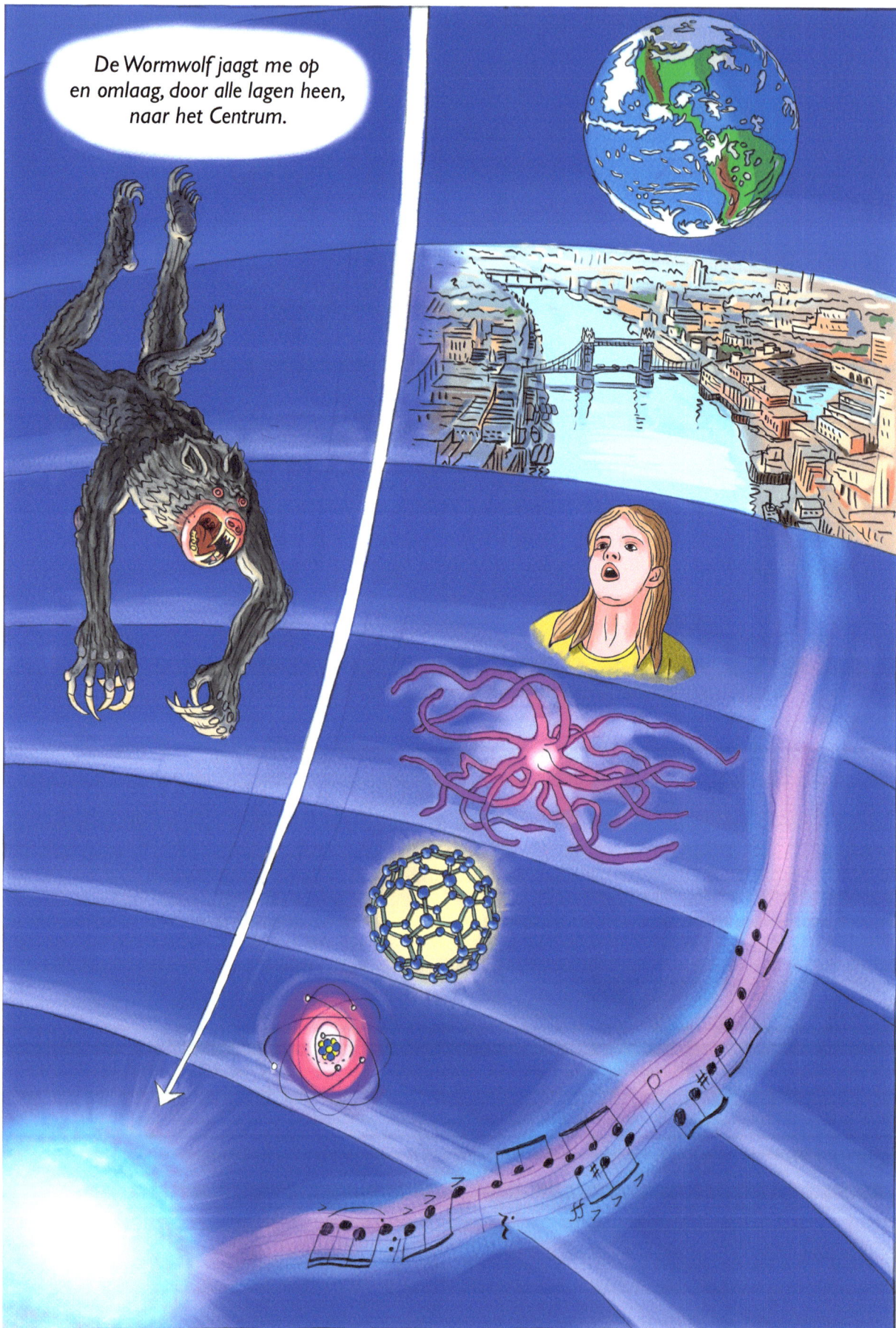

De hele weg tot in het Centrum nagejaagd word ik niets.

Eindelijk ontdek ik waar het lied vandaan komt.

Leegte!
Stilte!

Als ik me omkeer en naar buiten kijk, zie ik dat alles van hieruit komt!

Omdat de Wormwolf me niet wou laten stoppen voor ik in het Centrum was, is hij eigenlijk mijn vriend.

Hij is de problemen van het leven die me huiswaarts blijven drijven naar mijn Ware Zelf.

Douglas verhuurde Under Shollond.

Hier zijn de sleutels.

Ik ben een mislukkeling en een bedrieger. Ik doe niet wat ik zeg. Ik ben Grote Bek Douglas!

Ik ben het vertrouwen, dat God in mij gesteld heeft om Zien te delen, niet waardig.

Anne, ik slaap nauwelijks.

Hij praat veel, is afwisselend euforisch en depressief, maakt waanzinnige tekeningen.

Ik voel me door God en mens in de steek gelaten.

De leiding van de put naar het huis is verstopt.

Zoals mijn verbinding met de Bron.

Ik word gedwongen mijn nietsheid tot in mijn botten te voelen.

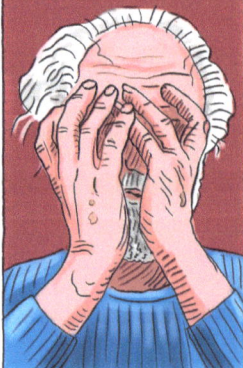

Na drie weken.

Is deze crisis over, Douglas?

Ja, Anne, al voel ik me nog altijd onwaardig.

Maar ik ben nu meer overtuigd van de genade van God, dat Hij me aanvaardt met al mijn fouten.

Overgave aan Gods wil is de kern van de zaak.

Werner Erhard wilt afspreken in Londen.

Wie is dat?

Hij is de invloedrijke Amerikaanse oprichter van est: Erhard Seminars Training.

Douglas, ik ben werkelijk enthousiast over je werk. Ik wil een tournee organiseren.

Zolang ik vrij ben om mijn ding te doen.

Ik zou de volgende training in Londen willen meedoen, zodat ik est beter begrijp.

Ik zorg ervoor.

Juli 1978

Word de chaos!

Daar een storm, hier totale vrede.

1979. est programmeerde Douglas in acht Amerikaanse steden.

The est Foundation presents:
"The Headless Way"

An Evening with Douglas Harding

San Diego, Seattle, Honolulu, Denver, Aspen, Houston, Chicago, Philadelphi

Elke deelnemer kreeg de Yellow Toolkit, ontworpen door Douglas.

peeling the onion
YOU

Denver

Douglas is één van de eerste Westerse filosofen die zegt dat Verlichting onmiddellijk is.

Tweeduizend mensen en ik voel me niet bekeken!

Terug in Engeland

Er is nauwelijks iemand van de tournee die je gecontacteerd heeft.

Het is teleurstellend, maar Zien lijkt mensen niet te boeien.

Hoe dan ook, het gaat niet om aantallen. Tenslotte is er maar Een.

76 jaar oud en u reist de wereld rond!

Open uw koffer alstublieft, mijnheer.

Hij denkt natuurlijk dat je een drugkoerier bent!

Ik weet het, Richard, ik zie er onbetrouwbaar uit!

Wat is dit?

Dat is om u te laten zien wie u werkelijk bent.

Kijk wat er gebeurt als u de kaart opzet.

De kleine ruimte

die een deel van de wereld bevat

wordt de grenzeloze Ruimte en

bevat   alles.

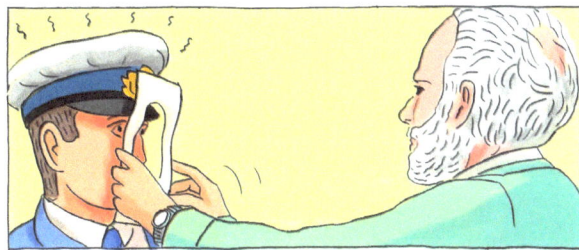

Hoe gênant!

Goed, mijnheer, u mag gaan!

Jij mist nooit een gelegenheid om Zien te delen, Douglas!

Fasen van het Pad.

Mijn boek On Having No Head *wordt heruitgegeven. Ik voeg er een nieuw deel aan toe.*

Na het eerste Zien kunnen de voordelen voor een tijdje duidelijk zijn.

ONTHECHTING
VREUGDE
VREDE

Maar na misschien jaren praktijk realiseer je je dat je als klimop gehecht bent aan je afgescheiden zelf.

Was al mijn vooruitgang bedrog?

Je bent bij de Barrière gekomen: de weerstand van het ego tegen het Zelf.

Je kan ontmoedigd het Zien opgeven...

of je gaat de Duistere Nacht in.

Het pad door de Duisternis behelst de overgave van je persoonlijke wil.

Als je je afgescheiden zelf loslaat

word je elke dag herboren in je Centrum als het goddelijke IK BEN.

De volledige overgave van je persoonlijke wil leidt tot de Doorbraak.

Dan wordt het **passief** aanvaarden van het huidig moment het **actief** willen ervan.

Nu zeg je 'Ja', onvoorwaardelijk, tegen wat er ook gebeurt.

Oprechte Intentieverklaring: Mijn verlangen is dat alles zal zijn zoals het is, vermits alles voortkomt uit mijn Ware Natuur.

Douglas bleef schrijven.

Ik ben 77, ik kom dichter bij de dood.

Sint Paulus vraagt: "O Dood, **waar** is uw angel? O Graf, **waar** is uw overwinning?"

Ik antwoord: "**Daar**, zo'n halve meter ver,

niet **hier** op nul centimeter!"

De kern van mijn boodschap is non-verbaal.

De literatuur over sterven zal nooit meer dezelfde zijn.
Ram Dass

D.E. HARDING
THE LITTLE BOOK OF LIFE AND DEATH
FOREWORD BY RAM DASS

Schrijf iets over stress, Douglas. Iedereen spreekt erover.

De Bron heeft me via jou mijn volgende opdracht gegeven!

STRESS

Zie niet langer het stressvrije Centrum van waaruit je leeft over het hoofd.

Het effect op lange termijn van Zien op mijn gestresseerdheid is diepgaand. Stressvolle situaties hebben opgehouden iets van die aard te zijn.

D.E. HARDING
HEAD OFF STRESS
Beyond the bottom line

1988. De relatie tussen Douglas en Anne veranderde.

Ik ben heel dankbaar voor alles, Douglas,

Maar ik heb vanaf nu ruimte nodig om de dingen zelf te onderzoeken en uit te werken.

Dat begrijp ik, Anne. Je moet je eigen weg gaan.

143

Douglas schreef een toneelstuk over een rechtszaak.

Onze 27 getuigen hebben bevestigd dat u menselijk bent, niet goddelijk.

Dat is omdat u naar **mij** kijkt.

U wordt beschuldigd van de halsmisdaad van godslastering.

We kunnen allemaal vaststellen dat u een mens bent in deze rechtszaal.

Als u naar **uzelf** kijkt, zult u zien wat ik zie.

Ik ben geen mens en ik ben niet in deze rechtszaal, zij is in mij: in dit Ene Bewustzijn dat de wereld verlicht.

Ik ben dit Licht. Hier is geen vonk van dat Vuur maar de laaiende Vuurhaard zelf, alleen en eeuwig.

Zeg dat tegen de beul, godslasteraar!

De jury zal zich nu terugtrekken om een oordeel te vellen.

Doe met mij wat u wilt, ik zal leven vanuit wat ik zie dat hier is, niet vanuit wat u zegt dat hier is. En ik zal dit aan de wereld verkondigen.

D.E. HARDING

THE TRIAL OF THE MAN WHO SAID HE WAS GOD

Dit boek neemt de geest zo in beslag dat het hart zingt.

Father Gerard Hughes

144

1991

Douglas, je bent 82, je hebt twee maanden lang gereisd en toch heb je nog enorm veel energie!

Omdat ik nergens heen ga.

Ik kwam niet naar Australië, Australië kwam naar mij!

Ik hoor dat je weer een boek aan het schrijven bent.

Ja. The Spectre In The Lake. Het is een modern 'Eens Christens reize'.

De held zet uit om alles te worden, maar geeft zich dan over aan trots.

Er volgt een crisis.

Hij wordt in een psychiatrische kliniek opgenomen om 'genormaliseerd' te worden, hem klein te krijgen.

De verlossing van de held houdt in dat hij door een deur moet gaan in de duistere catacomben van een kasteel…

Na een hachelijke tocht wordt hij herboren.

Nu heeft hij meer respect voor zijn menselijke zelf, 'de geest in het meer',

en ook voor zijn goddelijke Zelf.

Het is mijn levensverhaal!

Het is ook een liefdesverhaal.

Naarmate ik ouder word realiseer ik me meer dat het allemaal om liefde gaat.

Terwijl hij dit boek afwerkte werd Douglas verliefd.

145

Parijs, mei 1991

Catherine, kom mee naar de workshop met Douglas Harding.

Goeroes interesseren mij niet!

Hij is geen goeroe. Ik neem je mee!

Kijk je vanuit twee ogen of vanuit één grenzeloze Ruimte?

Eindelijk iemand die de **ervaring** van het Zelf beschikbaar maakt.

Uw experimenten zijn geweldig. Ze werken.

Ik zie dat je het begrepen hebt! Zullen we contact houden?

Februari 1992. Douglas was weer in Frankrijk.

Catherine, mijn vertaler heeft me in de steek gelaten. Kan jij het overnemen?

D'accord!

Qui êtes-vous vraiment?

JE SUIS TOUT
JE SUIS HUMAIN
JE SUIS

Je hebt geweldig vertaald.

Het voelt natuurlijk aan. Twee stemmen, één bewustzijn!

In augustus ben ik weer in Frankrijk. Wil je me terug helpen?

Heel graag.

Oktober 1992

Mijn huis is jouw huis.

Mijn schip heeft zijn haven gevonden.

Catherine en Douglas reisden vaak en gaven samen vele workshops: Amerika, Israël, Japan, Frankrijk… Ze huwden in februari 1995.

De ontmoeting met Catherine was een grote verandering in je leven, Douglas.

We zijn het niet altijd eens.

Ja. Om vollediger te leven heb je een gezel nodig. Ik leer voortdurend van Catherine.

Catherine heeft haar eigen visie. Maar dit gekibbel, dit debat, is goed voor ons allebei.

Als ik me door Douglas geïrriteerd voel, kom ik terug naar hier en ben Ruimte voor hem. Dan lost mijn irritatie op en is er geen echt probleem.

Door zijn liefde voor Catherine opende Douglas' hart zich meer.

De komst van Catherine in mijn leven is een gods-geschenk, een mirakel.

We lopen hand in hand en kijken in dezelfde richting.

Naar buiten naar de wereld en naar binnen naar de Bron.

Zowel een mannelijke als een vrouwelijke stem hebben in een workshop is een goed evenwicht.

Ik preek, Catherine charmeert!

Video-interview 2001

Waarover gaat je werk, Douglas?

Zien dat je niet bent wat je lijkt te zijn, Richard!

De experimenten zijn van cruciaal belang

omdat ze wie we werkelijk zijn toegankelijk maken voor iedereen.

De samenleving erkent deze nieuwe wetenschap, de wetenschap van de eerste Persoon, niet.

Verbazingwekkend, niet? Maar de waarheid zal overwinnen.

Mijn schema's en de U-niversum Explorer zijn ook belangrijk.

Zij wijzen ook naar de Ene.

Is dit therapie? Wat met de geest?

Waar is je geest?

Mijn gedachten en gevoelens zitten niet hier in een omhulsel, gescheiden van de wereld.

Mijn geest is vrij.

Zien heelt de ingebeelde opdeling tussen het zelf en de wereld.

Dat is therapie! Dat is gezond verstand!

Na twintig jaar alleen met Zien heb je nu vele vrienden.

Het is een zegen om dit te delen met anderen.

Deze Helderheid is het enige wat je met zekerheid kunt delen.

Wat ik als blauw zie kan voor jou rood zijn, maar hier in het Centrum is er niets om over van mening te verschillen.

Dit niets is niet enkel maar niets, nietwaar?

149

Nee. Het is ook alles. En het is bewust!

In je hart is het Koninkrijk en de Kracht en de Heerlijkheid!

Het is de meest vanzelfsprekende zaak in de wereld. Het smeekt erom opgemerkt te worden.

Wat met vertrouwen?

Zien wie je werkelijk bent zonder erop te vertrouwen is eigenlijk zinloos.

De hele praktische kant van het leven omvat het verschuiven van je vertrouwen van je uiterlijke verschijning naar wat je bent,

van die speldenkop in de Spiegel naar deze Immensiteit in je Centrum.

Je zult waarschijnlijk niet krijgen wat je wilt, maar je zult krijgen wat je echt nodig hebt.

Als we dit niet kunnen vertrouwen, wat dan wel? De kennis in ons Centrum is fabelachtig!

2003

Ik ga naar Frankrijk mijn kinderen bezoeken, maar ik laat je niet alleen. Je bent 94! Ik zal iemand vragen om bij je teblijven.

Nee, ik red het wel, Catherine. Ga maar!

Je bent koppig!

Telefoon!

DRRRING.....
DRRRING....

DING DONG

De deurbel ging.

De deur is open. Kom binnen, ik heb hulp nodig!

We zullen een ziekenwagen bellen.

Ik laat je nooit meer alleen!

Hoe kon je de pijn uithouden?

Ik kon me niet overgeven aan de pijn, maar ik gaf me over aan mijn onmacht om me over te geven!

Mijn redders waren Getuigen van Jehova. Ik werd gered door de Getuigen van Jehova!

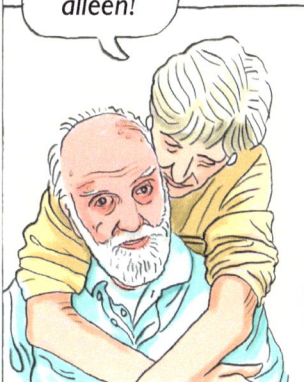

Je hebt wielen gekregen!

Ja.

MAAR EEN DIE ZIET

Ronddwalen in de wijde wereld kijkend naar zijn
altijd wijzigende vormen en kleuren en tegelijk inkijkend naar zijn
nooit wijzigende helderheid
de rechter wijsvinger naar buiten wijzend
de linker wijsvinger naar binnen wijzend
is de Ene Ziener zijn in alle wezens
het koninkrijk en de macht en de heerlijkheid het onpeilbare mysterie
de prille-ochtendfrisheid van de wereld.

Af en toe zag Douglas zijn kinderen.

Hallo, vader.

Lydia!

Simon! Julian!

December 2006

Ik ben bij je, Douglas.

Douglas kreeg een longontsteking.

Je lijkt in en uit bewustzijn te glijden, Douglas.

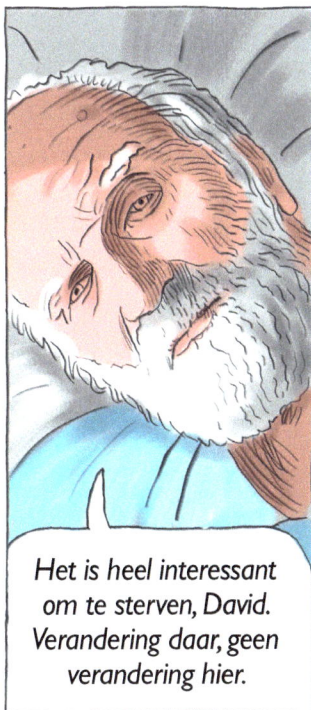

Het is heel interessant om te sterven, David. Verandering daar, geen verandering hier.

Ja, Richard.

We zorgen ervoor dat deze prachtige, eenvoudige, directe weg naar Huis floreert in de wereld, Douglas.

Hij wijst naar zijn vader.

Ja Colin. Hij hield veel van hem.

Ik wil niet dat je sterft, Douglas.

Je moet me laten gaan nu, Catherine. Ik ga naar huis.

11 januari 2007

Word wakker, Catherine. Douglas ademt niet meer.

Hij is naar huis gegaan.

Het onpeilbare mysterie
de prille-ochtendfrisheid van de wereld.

Over het ontstaan van dit boek

In 2012 maakte ik een film over het leven en het gedachtengoed van Douglas Harding en publiceerde hem op YouTube. Victor Lunn-Rock-liffe is een kunstenaar met wie ik al verschillende jaren gecorrespondeerd had. Hij zag de film en suggereerde dat het een goede biografische strip zou geven. We wisselden over dit idee e-mails uit – ik wist niet eens wat een biografische strip was, laat staan hoe je zoiets maakt! Maar het klonk aanlokkelijk, dus zei ik 'ja'.

Mijn taak was het script te schrijven. Ik mailde mijn ideeën voor elke pagina naar Victor. Hij maakte dan een ruwe schets, gevolgd door een gedetailleerde tekening en tenslotte een ingekleurde versie. Het was fascinerend te zien hoe elke bladzijde zich materialiseerde, miraculeus verschenen uit het niets! We voerden het hele proces via het internet. Het was zelfs pas in de zomer van 2015 dat ik Victor ontmoette. Voordien hadden we elkaar zelfs niet over de telefoon gesproken! Al wat ik ter verdediging kan inbrengen is dat we in verschillende werelddelen wonen: ik woon in het noordoosten van Londen en Victor in West-Londen…

Mijn deel van het project omvatte het in kaart brengen van het leven van Douglas, niet enkel gebaseerd op de vele gesprekken die ik met hem had – we waren meer dan 35 jaar bevriend – maar ook op de interviews met hem en mijn gesprekken met vrienden die hem gekend hadden. Ik bezit ook vele geschriften, brieven, dagboeken en notitieboekjes van hem evenals veel foto's van Douglas, foto's van mensen die een rol speelden in zijn leven en foto's van de plaatsen waar hij gewoond heeft. Al deze informatie hebben we gebruikt om een zo getrouw mogelijk beeld te scheppen van zijn leven en de ontwikkeling van zijn gedachtengoed.

Namens Victor en mezelf wil ik de vele vrienden bedanken die onze verschillende versies gelezen en herlezen hebben en zovele behulpzame, inspirerende commentaren gaven.

In 1996 richtte ik de Shollond Trust op, een Britse stichting met het doel de filosofie van Douglas Harding ruimer bekend te maken. U kunt meer publicaties over de Hoofdloze Weg vinden op de website van de Trust: headless.org.

Richard Lang

Boeken van Douglas Harding

Vrijwel alle boeken van Douglas Harding die hieronder zijn opgesomd zijn beschikbaar via de webshop van de Hoofdloze Weg website (headless.org)

Short Stories
The Meaning and Beauty of the Artificial
How Briggs Died
The Melwold Mystery
An Unconventional Portrait of Yourself
The Hierarchy of Heaven and Earth
Visible Gods
On Having No Head
Religions of the World
The Face Game
The Science of the 1st Person
The Hidden Gospel
Journey to the Centre of the Youniverse
The Little Book of Life and Death
Head Off Stress
The Trial of the Man Who Said He was God
Look For Yourself
The Spectre in the Lake
To Be And Not To Be
The Turning Point
Just One Who Sees
As I See It

Andere publicaties

Face to No-Face (David Lang)
Seeing Who You Really Are (Richard Lang)
Open to the Source (Richard Lang)
A Flower in the Desert (David Lang)
The Light that I am (J.C. Amberchele)
Celebrating Who We Are (Richard Lang)
Incredible Countries (Colin Oliver)
The Freedom to Love (Karin Visser)
The Youniverse Explorer model (zolang de voorraad strekt)
Videos van Douglas Harding zijn beschikbaar op de website

www.ingramcontent.com/pod-product-compliance
Lightning Source LLC
Chambersburg PA
CBHW041955100426

42812CB00018B/2657